财务数字化管理升维

——国网江苏电力实践——

国网江苏省电力有限公司财务数字化转型实践创新课题组　编著

PROMOTION OF DIGITALIZED
FINANCIAL MANAGEMENT

Practice of State Grid Jiangsu Electric Power Co.,Ltd

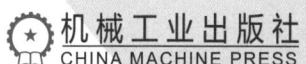

机械工业出版社
CHINA MACHINE PRESS

数字经济浪潮之下，企业竞争格局不断重塑，财务管理作为企业管理的核心和关键环节，不可避免地要面临理念、组织、机制、手段等全方位的创新和多维度的重构。

在"双碳"目标、市场竞争、央企责任的外在动力之下，在创新发展、提质增效、精益管理的内在需求之下，国网江苏电力扎实推进财务数字化管理升维。本书以此为蓝本，共分为三个部分，探寻企业财务数字化管理之道。第一部分理论篇，基于财务数字化管理的相关理论，以及各行业企业在财务数字化管理转型中的共性，指导企业财务数字化管理实践；第二部分实践篇，提炼出"理念先行—目标规划—原则确立—基础夯实—体系构建"的实施路径，并以国网江苏电力为案例，开展财务数字化管理的应用实践研究；第三部分展望篇，从构建生态系统、建立纠偏机制等方面展望企业财务数字化管理的未来。

本书蕴含了国网江苏电力在财务数字化管理升维建设中的理论思考和实践探索，希望能够与行业内、外的财务从业人员分享和交流财务数字化管理的实践经验，以财务数字化管理助力企业数字化转型，进而为数字经济的发展贡献力量。

图书在版编目（CIP）数据

财务数字化管理升维：国网江苏电力实践 / 国网江苏省电力有限公司财务数字化转型实践创新课题组编著. —北京: 机械工业出版社，2023.2

ISBN 978-7-111-72555-8

Ⅰ.①财⋯　Ⅱ.①国⋯　Ⅲ.①企业管理–财务管理–数字化　Ⅳ.①F275

中国国家版本馆 CIP 数据核字（2023）第 010630 号

机械工业出版社（北京市百万庄大街 22 号　邮政编码 100037）
策划编辑：胡嘉兴　　　　　　责任编辑：胡嘉兴
责任校对：张爱妮　王　延　　责任印制：常天培
北京铭成印刷有限公司印刷
2023 年 5 月第 1 版第 1 次印刷
170mm×242mm · 14.75 印张 · 176 千字
标准书号：ISBN 978-7-111-72555-8
定价：75.00 元

电话服务　　　　　　　　　网络服务
客服电话：010-88361066　　机　工　官　网：www.cmpbook.com
　　　　　010-88379833　　机　工　官　博：weibo.com/cmp1952
　　　　　010-68326294　　金　书　网：www.golden-book.com
封底无防伪标均为盗版　　　机工教育服务网：www.cmpedu.com

本书编写人员

主　编：王小兵　林汉银

副主编：徐　帅　施卫英　郑祥华　王　婷

参　编：芮　筠　方　莉　任腾云　毕晓蓉

　　　　曹　贺　林佳杰　霍云泽　张　杰

　　　　夏媛媛　徐　皓　孙媛媛

前　言

习近平总书记指出，"当今世界正经历百年未有之大变局"。全球地缘政治冲突与摩擦不断升级，经济增长压力和不确定性显著增加，环境污染和能源短缺危机持续发酵，科技应用正进行颠覆性变革，这一系列的不稳定性因素，给企业的经营、管理和发展带来了前所未有的挑战。

随着大数据、人工智能、移动互联网、云计算、物联网、区块链等新兴技术的蓬勃发展，一种新型的经济形态——数字经济孕育而生，并正以不可遏制之势迅速席卷全球。美国、欧盟、日本等纷纷出台中长期数字化发展战略，加快发展数字经济，紧握新一轮科技和产业变革机遇。我国政府也高度重视数字经济的发展，近年来，数字经济相关政策持续完善，2021年《中华人民共和国国民经济和社会发展第十四个五年规划和2035年远景目标纲要》中更是将数字经济单列一篇，明确提出我国要"加快数字化发展，建设数字中国"。

数字经济的快速发展使得实体经济与数字经济高度融合，极大彰显出其强劲的经济拉动能力。数字经济浪潮之下，新模式、新业态层出不穷，企业竞争格局不断重塑，企业发展如逆水行舟，不进则退，数字化转型呈现不可逆转之趋势。在"双碳"目标、市场竞争、央企责任的外在动力之下，在创新发展、提质增效、精益管理的内在需求之下，作为国民经济重要保障支柱的电网企业，应当紧跟数字化浪潮，积极拥抱新科技，把握时代创新机遇，培育经济发展新动能。

财务管理作为企业管理的核心和关键环节，不可避免地被卷入数字化浪潮之中，财务云、财务中台、财务机器人等概念风起云涌，财务管理的思维模式、组织结构、核心内容等正在经历全方位的创新和多维度的重构。数字经济的快速发展对财务管理提出了更高的能力要求。首先,财务需要具备快速响应能力,真正参与企业经营前端,推动企业各层级实现价值创造;其次,财务需要具备高度感知能力,通过对业务的充分洞察,为企业提供有价值的管理决策信息;最后,财务需要具备高效运营能力,以解决传统财务可能存在的集团财务管控薄弱、资金使用效率不高、资本运营能力不足等问题。

那么,财务转型作为数字化转型的关键环节,企业应如何探寻符合自身发展的财务数字化管理之道?来自不同行业的国内外领军企业分别给出了他们的答案。

本书基于财务数字化管理的相关理论,通过归纳总结科技、互联网、金融、制造、能源等行业的众多企业在财务数字化管理转型过程中的共性特征,将理论与实践相结合。其中,在组织变革理论的应用方面,阿里巴巴成为中台概念的先行者,法国电力率先实现财务人员的多元化职业发展;在技术变迁理论的应用方面,尚品宅配成为"互联网+工业4.0"的新型商业模式典范,民生银行在信用证相关财资管理的风险防控方面取得较大突破;在内部控制理论的应用方面,联储证券搭建了财务大数据平台,法国电力实现了项目全过程内部控制管理;在精益管理理论的应用方面,华为成为建立业财融合协同机制和培养复合型财务人员的企业典范;在价值管理理论的应用方面,阿里巴巴和阳光电源着手强化数据价值深度挖掘。

上述理论指导下的管理实践揭示了财务参与公司前端经营、促进企业良性发展的一般特点与规律,为紧抓重点、总结经验教训提供了宝贵原料。在此基础上,本书提炼出了"理念先行—目标规划—原则确立—基础夯实—体系构建"的财务数字化管理实施路径,并以国网江苏省电力有限公司（简称"国网江苏电力"）为实践案例，开展财务数字化管理的应用实践研究。

为积极响应国家关于促进数字经济和实体经济融合发展的要求，全力贯彻落实国务院国资委《关于中央企业加快建设世界一流财务管理体系的指导意见》，紧跟国网江苏电力的战略方向和战略路径，切实承担央企社会责任，多年来，国网江苏电力始终积极探索财务数字化的管理实践，一如既往地走在具备行业特色和企业特色的升级转型道路之上。鉴于运营模式、资产规模、政策影响与社会责任等诸多方面的特性，国网江苏电力以数字化理念和认知为企业文化，以财务管理数字化战略和原则为指引，以激活数据生产要素、创新运用数字技术为抓手，不断升级财务管理能力。

首先，从构建组织基础、引入前沿技术、打造内控体系、强化精益管理、实现价值创造五个方面营造数字化转型氛围，推动财务数字化管理，实现更加有效的信息反映、管理服务与数据洞察，提供决策有用信息；其次，从企业战略和财务战略两个维度，进一步确立具体战略目标及其实施步骤，从而制定数字化战略；再次，遵照坚持实事求是、坚持统筹推进、坚持安全平稳、坚持有效激励的指导原则，以确立数字化方向；从次，通过强化业财数据基础和加快数字基础设施建设，实现数字化基础的逐步夯实；最后，围绕全面预算管理、电价电费管理、会计核算管理、资金管理、资本运营、资产管理、工程财务管理、财税管理、风险管理与稽核风控、财务队伍建设十大业务活动，不断升级财务数字化管理能力，打造财务数字化管理体系。

多年来，国网江苏电力财务人员不仅积极探索和应用数字化技术，稳步开展财务数字化流程再造和财务组织变革，扎实推进财务数字化管理升维，力求实现"以出神入化之功，收出类拔萃之效"；还在财务数

前　言

字化管理升维建设中，总结了自身具有代表性的实践案例和实施经验。结合前沿理论对现行做法进行回顾和总结，国网江苏电力财务团队期望能与行业内外的财务从业人员分享财务数字化管理升维建设中的实践经验；同时，也期待能以自身的实践方案"抛砖引玉"，号召更多财务工作者积极参与和推动财务数字化管理建设并分享其建设过程中的宝贵经验。

我们相信，通过深入推进财务数字化管理升维建设，财务管理与业务活动的联系将更加紧密，"业财"信息的融合将逐步变被动为主动，财务管理也将更具前瞻性。财务可以为业务管理和发展提供更加强有力的支撑，进一步实现财务管理赋能业务活动的目标，深度推进"业财"融合，化传统财务的"成本中心"为具有前瞻应对和管理能力的"资本中心"，实现财务管理的提质增效和风险防范，助力企业战略的实施并切实支撑企业业务运营的长远、可持续发展。

编著者
2022 年 10 月

序　财务数字化管理的一天

随着数据智能的应用普及，传统财务从业者的工作方式也发生了翻天覆地的变化。

上午 8：30

"早上好，今天天气晴，微风，15℃—20℃。今天您选择的上班出行方式为地铁，可节省碳排放约 1kg，感谢您为绿色出行做出的贡献！现在的时间是 8 点 30 分，上午 9 点您有一个业财协同会议安排，请至 2 号会议室参加。您今天有 3 条待办事宜和 1 个培训安排，请点击以下链接进入财务智享平台进行处理，今日待处理工作如下……祝您生活工作愉快！"

你的一天从进入办公室后收到的一条语音提示开始，AI（人工智能）智财助手已经根据周工作安排及系统内的工作进度预设好当日工作内容。根据对会议课题的预先分析，智财助手已经开始同步前一天的业财异常数据稽核日报，并以此作为参考资料，自动化机器人通过调用公司数据中台、财务中台，完成相应数据的检索和整理，并将电子版报告实时发送至你的财务智慧终端。

上午 9：00

拿着智慧终端，你赶往接下来的会议现场。财务部和下属某公司营销部，需要对近期财务中台上某营财分析场景出现的一些异常动态进行讨论，评估数据异常对公司财务预算及资金支付等方面的潜在影响。虽然参会人员身处不同地区，但有赖于云会议系统，大家能够在线上开展无障碍的互动和研讨。

上午 10：30

会议结束后,你回到办公室,开始查看一批合同的执行情况。得益于区块链技术的深入应用,公司已经实现了合同信息、供应链信息、担保情况、合规监管及债务风险等多元领域上链,在节约时间和成本的同时,提高了风险防控能力。同时,凭借超级自动化工具,财务机器人可帮你处理合同相关的账务复核、票据处理、资金支付审批等问题,大大缩短了你处理基础性工作的时间。

上午 11：30

你打开智财助手中的业财协同专家工具模块,点击历史记录分析报告,查看本周业务人员查询的高频信息和反映的高频问题。这是一个全公司都在应用的轻量级模块化智能桌面工具,集合NLP(自然语言处理)、机器学习、语音识别等多种智能技术,业务人员在应用它时,可以通过语音问询的方式便捷输入信息,并迅速得到相关信息的查询结果及解决方案推送。同时业财协同专家工具还会自动收集整理业务中反映的高频次问题,分类反馈至财务部门。你通过查阅历史记录分析报告了解当前业财流程中存在的问题或难点,并计划在后续阶段针对这些问题,对相关人员提供针对性的培训。

下午 2：00

临近月末,需要整理分析公司当月经营情况,并出具月度经营分析报告。你从财务中台选好需要分析的数据信息,配置好动态可视化工具，系统即可自动开展历史数据分析及未来数据预测。一方面，系统自动针对本月各类财务经营指标的表现情况开展深入分析，识别出可能存在的问题，并结合历史情况，列举其可能的产生原因，再提供备选解决方案及建议；另一方面，系统针对内外部波动开展敏感性分析，基于历史数据及当月发生情况，预测下月经营详情，对季度计划做出敏捷调整。

分析完成后，系统一键生成经营分析报告样稿，你在补充、完善好对一些重点问题的解释，并对当月几项突发事件的内容进行分析后，将完成的报告同步更新至个人"商情分析驾驶舱"，并将分析成果与组织网络内的相关人员直连共享。

下午 4:00

到了约定好的培训时间，这是一次针对业务人员的定制化培训，你作为讲师录制了一期课程视频，以解答在上个月收集到的业务部门集中反映的问题。系统根据反馈的问题，智能锁定课程目标人员，并扩展识别其他可能需要参加该课程培训的业务人员，生成自动推送建议，并在相关系统操作流程中将课程嵌入解决方案智能推送菜单，通过VR（虚拟现实）、视频授课等方式进行课程输出。

下午 5:00

白驹过隙，一天的工作也已经接近尾声，你开始规划近期的工作安排。下周你需要赶赴其他城市参加一场财务精英研讨会，相关的通知安排刚刚通过商旅应用发送至你的手机。点开消息，你根据模拟行程推荐，利用5分钟的时间订好了往返的机票、酒店。在App后台自动审核行程安排后，所有的商旅费用由公司账户直接支付，以往耗时费力的事后报销流程已经从源头消失。

下午5∶30

最后一封邮件发送成功，你完成了一天的工作。伴随着电脑的关闭，一个熟悉的声音再次响起：

"您今天共处理3条待办事宜和1个培训安排，当日累计减少办公用纸（财务报告打印）100张，节约碳排放10g，明天有3场会议安排，请您合理规划时间，祝您生活愉快，再见！"

你缓缓走出办公大楼，看着路上的车水马龙，从未料到有一天，财务工作能够如此智慧便捷……

目　　录

前言

序　财务数字化管理的一天

第一部分：理论篇

第一章　财务数字化管理——理论基础 ················· 3

　　一、组织变革理论 ································· 3

　　二、技术变迁理论 ································ 11

　　三、内部控制理论 ································ 19

　　四、精益管理理论 ································ 26

　　五、价值管理理论 ································ 32

第二章　财务数字化管理——前世今生 ················ 38

　　一、概念界定 ···································· 38

　　二、历史沿革 ···································· 41

　　三、发展趋势——数字化的价值引领 ················ 43

第三章　财务数字化管理——大势所趋 ················ 47

　　一、经济形势 ···································· 47

　　二、资源环境 ···································· 51

三、技术变革 …………………………………………… 55

四、行业发展 …………………………………………… 59

第二部分：实践篇

第四章　财务数字化管理实施路径 …………………………… 65

一、理念先行 …………………………………………… 65

二、目标规划 …………………………………………… 67

三、原则确立 …………………………………………… 69

四、基础夯实 …………………………………………… 70

五、体系构建 …………………………………………… 71

第五章　国网江苏电力财务数字化管理实施背景 …………… 73

一、公司运营特征 ……………………………………… 73

二、财务数字化管理的发展历程 ……………………… 77

三、必要性分析 ………………………………………… 79

四、可行性分析 ………………………………………… 80

第六章　国网江苏电力财务数字化管理应用实践 …………… 82

一、营造财务数字化氛围 ……………………………… 82

二、确立财务数字化目标 ……………………………… 85

三、明确财务数字化原则 ……………………………… 87

四、夯实财务数字化基础 ……………………………… 88

五、构建财务数字化体系 ……………………………… 109

第三部分：展望篇

第七章　财务数字化管理发展展望……………………………… 203
　　一、全方位融通数字化管理体系 ……………………… 203
　　二、前瞻化推动数字化生态循环建设 ………………… 210

总结……………………………………………………………… 215
参考文献………………………………………………………… 217
后记……………………………………………………………… 218

第一部分：理论篇

理论篇从组织变革理论、技术变迁理论、内部控制理论、精益管理理论以及价值管理理论出发，融入阿里巴巴、法国电力、尚品宅配、民生银行、联储证券、阳光电源等典型案例，通过归纳总结科技、互联网、金融、制造、能源等行业的众多企业在财务数字化管理转型过程中的共性特征，将理论与实践相结合，进而深化理论内涵。其中，在组织变革理论的应用方面，阿里巴巴成为中台概念的先行者，法国电力率先实现组织人员的变革；在技术变迁理论的应用方面，尚品宅配成为"互联网＋工业4.0"的新型商业模式典范，民生银行在信用证相关财资管理的风险防控方面取得较大突破；在内部控制理论的应用方面，联储证券搭建了财务大数据平台，法国电力实现了项目全过程内部控制管理；在精益管理理论的应用方面，华为成为建立业财融合协同机制和培养复合型财务人员的企业典范；在价值管理理论的应用方面，阿里巴巴和阳光电源着手强化数据价值深度挖掘。理论篇通过丰富的理论与思维框架的构建，为后续实践篇的研究奠定了重要基础。

第一章

财务数字化管理——理论基础

一、组织变革理论

1. 组织变革理论的定义及内涵

组织变革的本质含义是组织为了适应内外部环境变化,对其各个组成要素进行调整、改变和创新,从而更好地实现组织目标的过程。组织变革意味着组织的现状与组织的目标之间存在差距,是组织发展的重要手段,对维系组织生存,促进组织健全发展,体现组织本质特征具有重要意义。组织变革理论经历了古典组织变革理论、新古典组织变革理论、现代组织变革理论的演变过程,本书将据此分别展开论述。

(1)古典组织变革理论

随着美国工业化进程加快及其规模剧增,劳资矛盾愈发突显,组织寻找新的"科学管理"方法的意愿也就更加强烈,古典组织变革理论应运而生。首先,泰勒[Taylor(1911)]认为,若要提高劳动生产率,首先需要建立一门科学,即制定科学的日工作标准,目标是提高工人完成管理层下达的任务的生产率和效率,强调科学原则应得到一致和公平的应用，组织所有成员都应遵守规则和程序。其次，与之不同的是，法约尔［Fayol（1949）］则更关注组织的整体管理和控制，其强调组织层面的控制，要求管理者要"按原则办事"，而不是专断或按照某一特别方式做事，并提出了工作分工、权力和责任、纪律、命令的唯一性、方向的唯一性、个人或团体利益的从属性、员工报酬、集中性、关系链、秩序、公平、员工任职的稳定性、创造力、团结精神的"14条管理原则"，以及计划、组织、指挥、协调、控制的"5项管理基本职能"。虽然Taylor（1911）与Fayol（1949）的管理方法有所区别，但任务层面的工作方法和组织层面的工作方法相结合使得二者的观点互补而非矛盾。最后，韦伯［Weber（1948，1968）］提出了行政组织结构模型，其认为若没有某种形式的权力作为指导，组织则无法统一行动和实现目标。合法的权力包括合理基础、传统基础和神权基础三种形式。他强调法定权力几乎是所有权力系统的核心，是官僚组织的基础，并提出了理想的行政组织的五大特点。其中，五大特点具体如下：①组织内部应该有明确的分工，每个职位都必须由称职的专门人员负责；②组织必须建立一套规章制度，以保证组织内各种工作的协调统一；③每个组织都应该自上而下地建立"级次"组织或办公室，形成一个指挥体系或组织"级次"体系；④管理人员在工作中不能受个人感情影响而随心所欲，应该以理性准则为指导，特别是在同下属的交往中，应保持应有的尊严；⑤人员的任用和提升应鼓励大家忠于组织。

（2）新古典组织变革理论

虽然20世纪20年代美国推行的科学管理实践在一定程度上改善了企业管理制度并促使企业变革，但同时也导致了工人怠工和罢工、劳资关系紧张等问题，加之经济危机和第二次世界大战提升了对集体主义和社区感的需求，主要表现为行为科学的新古典组织变革理论由此形成并得到发展。首先，梅奥（Elton Mayor）及其合作者进行了著名的"霍桑实验"，该实验的核心假设包括：①人是感性而非经济理性的，除经济人外，人们还有情感、认同、安全、归属等社会需要；②组织不仅包括正式组织结构，还由非正式组织结构、程序、规则和规范组成；③组织不是机械体系而是合作的社会体系。霍桑实验表明，雇员的积极性能够增进和提高生产率，并为其后的领导、激励和人力资源管理提供基础。人际关系方法认为古典方法使工人与工作疏远并使其憎恨工作，而不是使工人为了完成组织目标更有效地工作。其次，在20世纪六七十年代，公司组织规模扩张，权变理论应运而生。权变理论认为组织是一个开放的系统，其运转和有效性依赖于它们在某一时间所面对的特定的情境变量，且这些变量随组织而异。因此，变革的关键是要从错综复杂的情境中寻找到关键性变量，然后找出变量与变量之间的因果关系，从而针对一定的情境，使用一定的变革对策。最后，组织发展模型强调为"变革内因"的咨询人员与参与者开发提供一套完整的、具有可操作性的更为面向行动的指南。这些变革模型主要建立在人际影响、冲突、领导的理论和社会心理学有关动机与群体行为的理论上，使用调查、观察与访谈等方法收集和反馈有关集体与人际交往方面的资料。这些资料反过来又成为变革行为过程、提高决策力量的动因。

（3）现代组织变革理论

在20世纪80年代，商业环境愈发快速变化和难以捉摸，组织的原有模式难以适应新的环境变化需求。日本的经济迅猛发展和成功企业管理经验引起了西方国家的关注。首先，大内［Ouchi（1980）］指出日本公司的成功来自整体劳动力的参与和忠诚，并在糅合日本式组织和美国式组织优点的基础上，提出了"Z型组织"的概念。他认为使员工关心企业是提高生产率的关键，因此企业组织应向民主化方向发展。

赫尔曼〔Laage-Hellman（1997）〕认为管理效率依赖于这些组织文化软因素，组织文化是管理的核心因素，是管理成败的关键和根本。日本公司之所以形成竞争优势，不仅靠单个组织变革理论的成功应用，更源于变革的整体性安排，尤其是采取将刚性原则和柔性管理有机结合这种独特方法。其次，方法的普遍性是组织学习的重要优点之一，利用西方和日本的组织传统并与其保持一致促进了学习型组织理论的发展。学习型组织理论认为，未来唯一持久的优势是有能力比竞争对手学习得更快，未来真正出色的企业将是能够设法使各阶层人员全心投入，并有能力不断学习的学习型组织。未来的组织要进行自我超越、改善心智模式、建立共同愿景、团体学习、系统思考。最后，组织变革模型区别于早先模型的最主要特征是一种从以往增量式、渐进式、计划式的变革转向了更明确、快速和根本的组织实践与设计的改造努力。企业流程再造就是这期间起源于美国的一种企业变革模式，即对公司的流程、组织结构、文化进行重塑，以达到工作流程和生产率的最优化。企业再造的核心思想包括：①通过对企业原有的业务流程的重新塑造，使企业在盈利水平、生产效率、产品开发能力和速度、顾客满意程度等关键指标上取得巨大进步，最终提高企业的整体竞争力；②使企业形态由以职能为中心的传统形态转变为以流程为中心的新型流程导向型的企业形态，实现企业经营方式和企业管理方式的根本转变。

2. 组织变革理论与企业改革

企业组织是当今社会系统中的一个开放的子系统，置身社会之中并深受其广泛而深刻的影响。当今社会正处于急剧变化之中，企业组织承受着极大的压力，而这些压力往往又是推动组织变革的强大动力。企业改革成为管理工作者最具挑战性的任务之一，只有广泛了解企业的外部环境，确定企业面临的挑战和机遇，实行组织与市场变化相匹配的变革，才能实现在变革中生存。因此，组织变革理论为企业改革提供理论指导，企业改革的实践同时也推动了组织变革理论的不断发展与完善。

首先，企业改革需要明确组织目标，主要体现在如下两方面：一方面，通过组织变革使组织有效运作，实现与环境的适应。企业组织变革的第一个目标是适应环境，在不断变化和发展的环境中求得生存和发展。因为任何组织都生存于复杂的社会环境中，离不开与环境进行能量、物质和信息的交流与互动，组织不可能完全控制外部环境，只有采取各种新的激励措施和管理办法，重新对组织机构进行设计，才能满足员工日益增长的尊重和参与感等发展的需要，才能适应外部环境的变化。另一方面，实现组织成员之间、群体之间、人—机系统之间的心理和行为上的协调，提高组织效能。目前，各个企业愈发处于一个复杂动荡的竞争性环境中，组织变革解决的问题往往都是组织环境中出现的问题，必须运用组织发展的方法进行统筹协调，这就必须考虑到员工的心理和行为方式的变革。组织与有机生命体一样，应保持自我更新和进化的能力，若不能适时适当地调整或变革、促进员工发展与进步，则会老化和衰败，被激烈的市场竞争所淘汰，正是这一逻辑驱动着组织变革的开展。

其次，企业需要识别自身组织变革所面临的问题、阻力及其化解之道。第一，组织的问题往往表现在组织的运行效能和员工心理行为变化上。其中，在组织的运行效能上的主要表现有：①机构僵化，决策失灵；②业绩下滑，信誉下降；③沟通阻塞，士气低落；④因循守旧，缺乏创新。在员工心理行为上的主要表现有：①知识型员工与"经济人"的冲突；②等级结构与公平感的冲突；③集权方式与授权赋能的冲突；

④重使用与轻培养的冲突；⑤陈旧管理与人本管理的冲突。第二，企业改革的阻力既有主观因素又有客观因素，主要包含以下几点：①组织变革的危机与变革失败的风险；②经济利益冲突；③组织人员的心理压力；④群体思维习惯、行为方式、价值取向等社会因素。第三，企业改革需要探寻组织变革之道。卢因（Lewin）的组织变革模型将变革过程概括为"解冻—转变—再冻结"三个阶段。其中，解冻通常是指减少维持组织现在行为水平的力量；转变是解冻的结果，也即实施变革，要求组织在分析当前形势并制定变革计划和方案后，采取必要的行动，通过组织变革过程来发展新的行为、价值和态度；再冻结是将组织稳定在一个新的均衡状态，目的是保证新的工作方式不会轻易改变，达到支撑变革的强化作用。

最后，企业基于自身需求实施组织战略、组织结构、组织文化或组织人员的改革。第一，在组织战略变革方面，重点在于如何实现复杂环境、战略和组织结构之间的协调一致与相互适应，做好战略远景规划和再建战略价值流。第二，在组织结构变革方面，组织结构设计是组织变革的重要体现，是组织系统为了适应内外部因素的变化，根据组织系统的弊端进行分析、诊断，对组织结构、功能进行不断调整，改变旧的管理形态，建立新的组织管理形态的一种组织行为和管理过程。第三，在组织文化变革方面，找出内外在环境的威胁与机会点、创建明确并关联的远景、建立内在运作系统并授权相关人员推动改革、监视整个流程并根据学习经验进行必要的修改是组织文化变革的四个阶段。组织文化变革必须与组织战略、远景和组织结构变革协调进行。若没有组织文化的变革，组织战略和远景难以被组织成员所认识和把握并变成每个人自觉的行动指南。第四，在组织人员变革方面，企业需要采用新的思维和灵活的工作作风来指导变革，注重开发员工潜能，授予员工一定的权力，并组织员工进行学习与知识管理。具体包括：①思维方法的变革要有科学理论的指导；②创造有利于变革的氛围；③加强对员工的培训；④帮助员工调整心态；⑤帮助员工自身发展；⑥切实关心员工利益；⑦向员工授权；⑧重新设计工作，提高员工价值；⑨建立以网络技术为支撑的企业知识交流平台，促使企业成长为学习型组织，实现知识和信息的快速准确传递；⑩营造知识共享的文化氛围，承认个人在知识开发中的独特性，激发员工将知识转化为有利于企业发展的创新力。

3. 组织变革理论在财务数字化管理中的应用

财务数字化管理是数字技术与组织变革深度融合的演进过程，会引发企业竞争方式、商业逻辑、商业模式、商业生态等方面的系统变革。当今企业在财务数字化管理方面的探索和经验积累离不开组织变革理论的指导。本书接下来将以阿里巴巴和法国电力为例，系统介绍组织变革理论在企业财务数字化管理中的实践应用。

> ➢ **案例一　阿里巴巴：中台概念的先行者**

阿里巴巴集团（简称"阿里"）经营多元化的互联网业务，包括国际业务、小企业业务、淘宝、天猫、阿里云等七个事业群，致力于打造开放、协同的电子商务生态系统，为用户创造便捷的网上交易渠道。在阿里发展初期，业务呈井喷式爆发，形成了12个业务部门和9套平台系统，每一个业务方都对数据有着不同的需求，每一个平台系统的架构也各不相同，"数据孤岛"现象日渐凸显，无法支撑业务快速迭代，"大中台，小前台"战略由此催生，阿里成为中台概念的先行者。

业务中台。业务中台的主要目标是解决企业业务能力复用的问题。通过重构业务模型，将来自不同渠道重复建设的业务场景以数字化形式沉淀为企业共享的服务中心，实现各大业务板块之间自由联通、组装和协同，既为企业级一体化业务能力提供支撑，又提供了灵活的财务、业务等场景的输出能力，确保业务链路稳定高效，助力企业实现更加快速和低成本的业务创新。

数据中台。数据中台作为整个中台建设的底座，通过大规模的数据采集、计算、存储和加工，拉通数据标准、权限、口径，实现全业务、全组织的数据共享。在此基础上，阿里还建立了数据萃取项目，深度挖掘数据资产的价值，再将其反馈、应用到业务之中，让每个运营人员都可以基于数据制定覆盖用户生命周期的数据化运营策略，支持业务走向实时化、数据化。

技术中台。技术中台通过将企业的技术能力进行整合和封装，过滤掉建设中的烦琐技术细节，为业务和数据中台的落地提供微服务等相关技术组件支撑，保障系统高度的可用性，以应对高频海量的业务访问场景。

技术中台为业务中台和数据中台提供简单、灵活的应用技术基础设施能力。业务中台源源不断地产生交易数据，实时在线统一记录和沉淀，再通过数据中台对沉淀的数据进行二次加工，利用数据标准及算法，产生进一步的分析型数据，这些数据又反向服务于业务，将业务固化形成闭环，此过程循环往复，实现"业务数据化和数据业务化"的双轮驱动。

➢ 案例二 法国电力：组织人员变革

财务数字化管理已是大势所趋，公司亟须实施组织变革以适应新的管理模式。其中，财务人员是财务数字化管理的核心主体之一。作为重要的组织人员，财务人员需要转变理念并提升自身素养，而组织人员变革离不开员工培训，法国电力便是创新财务人员培训的领先者。

法国电力作为知名的跨国能源集团，经营范围遍布全球，员工数量庞大。公司高度重视财务人员的个人价值实现与增值，在全球共设立 17 个专业技能学院、30 个培训站点，通过职业发展规划、晋升培训体系以及数字化管理工具等方式助力财务人员实现多元化的职业发展。

公司在总部制定了标准化的培训课程，并由各下级公司按照要求执行培训。对于特殊业务变革或区域业务变革，针对财务人员的相应需求，提供高等教育课程和技术培训项目，积极开展第三方的培训合作，在高校（如巴黎萨克雷大学）设立工业研究和培训中心，开发多元化课程，定向培训与储备人才。

与此同时，公司注重数字化学习平台建设，开发 e-learning 学习模块、线上共享平台、学习社区、VR 技术等，为员工提供远程学习机会。公司还为财务员工在平台建立个人培训账户，通过跟踪记录，监督员工培训情况，促进员工职业发展。通过定期的工作绩效考核，分析财务人员职业发展的薄弱环节，为其推送符合实际需求的培训课程，提升员工的工作绩效。

此外，对于不同层级的财务人员，公司采取针对性的培训方式，不仅积极鼓励财务人员获取外部专业资格认证，全面掌握会计、财务、管理、信息化、经营战略等多方面专业知识，还拓展员工财务、数字化技能及战略分析思维。

二、技术变迁理论

1. 技术变迁理论的定义及内涵

技术变迁是指技术的变化，既可以表现为技术自身的发展变化，又可以表现为新旧技术之间的更替。尽管技术变迁是经济发展的重要动力，但在20世纪50年代以前，除了马克思、凡勃伦、熊彼特等人外，对技术进行过比较深入研究的学者并不多，而且对技术变迁的研究也未受主流经济学家的重视。直至20世纪50年代中期，经济学家开始认识到技术变迁对经济增长的重要作用。索洛［Solow（1957）］发现1909～1949年美国非农业部门的人均产出翻了一倍，其中90%是由于技术进步，对技术的研究也因此得到了广泛的关注。此外，熊彼特有关技术变迁的理论逐渐得到越来越多的经管领域学者的重视，而后形成了"新熊彼特"技术变迁理论。从20世纪70年代起，有关技术变迁和经济增长、国际贸易、企业行为之间关系的研究以及对技术自身发展变迁的研究大量出现。本书主要从熊彼特对技术变迁理论的研究、技术创新的动态模型（A-U模型）和技术生命周期论、技术S曲线理论等角度，梳理技术变迁理论的发展历程。

（1）熊彼特对技术变迁的研究

熊彼特从创新和技术进步的角度看待技术变迁。熊彼特在技术变迁方面的理论成果体现在产业的技术变迁以及技术变迁对产业的影响两个方面。在产业的技术变迁方面，熊彼特在其早期理论中对创新和发明做了区分，他认为虽然大多数创新可以追溯到某个发明，但创新并不一定来自发明，发明亦不一定必然引起创新，发明对经济变迁过程而言只是一个外生性因素，而创新是一个内生性因素。熊彼特对创新和发明的区分既推动了技术进步的理论发展，又加快了技术创新的实证研究。此外，熊彼特提出了"创造性破坏"的概念，即新的、更加先进的技术会取代老的、劣等的技术，"创造性破坏"会彻底破坏已有的产业结构，熊彼特将此视为资本主义发展的基础动力。在技术变迁对产业的影响方面，熊彼特（1950）提出一个有着深远影响的观点：技术变迁产生竞争，这种竞争有利于那些技术上处于领先水平的企业。从这个角度出发，一个产业中的主流技术被视为基准，无法达到这一基准的企业处于竞争的劣势。技术变迁会推动这个基准提升，由此会产生有利于拥有技术优势的那些企业之间的竞争。此观点在各种研究技术变迁的方法中获得了广泛的支持，后来的一些研究成果也进一步拓展了这一理论。

（2）A-U 模型和技术生命周期论

A-U 模型和技术生命周期论是在对技术变迁的研究受到广泛重视后诞生的，它们都是研究技术变迁过程的经典理论。阿伯内西（Abernathy）和厄特巴克（Utterback）在考察技术变迁的过程时发现技术长时间的渐变会被短时间的突变所打断（Abernathy 和 Utterback，1978）。这种模式被称为"间断均衡"，即长时间的技术缓慢变化会被技术突变所打断，这种突变会重新界定产业中的主流技术。在此基础上，阿伯内西和厄特巴克提出了 A-U 模型。他们在这个模型中把一个完整的技术变迁过程划分为三个阶段：流动阶段、过渡阶段和明确阶段。阿伯内西和厄特巴克（1978）认为主导设计的出现是流动阶段和过渡阶段的分界点，技术变迁在进入过渡阶段后，过程创新活动将超过产品创新活动。当技术创新进入明确阶段后，产品创新活动和过程创新活动均将减少。A-U 模型首次将技术变迁视作一个单循环，其走向是随着技术的进步，出现了越来越多的工艺创新，而产品创新会逐渐减少，最终达到一个"生产力危机"状态。20 世纪 80 年代初期，更多致力于更新这个框架的研究同样也得出了技术变迁是一个循环过程的结论：成熟度的递减会使一个产业"倒退"，即从一个稳定的状态发展到一个不稳定的状态。

从循环这一角度看，A-U 模型中隐含着技术有一个发展变化周期的思想，这就与技术变迁的生命周期理论有了相似之处。在此基础上，布莱恩（Brien）将技术的发展变化分成萌芽期、成长期、成熟期及衰退期四个阶段，用一条 S 曲线可清楚地描述技术生命周期（见图 1-1）。

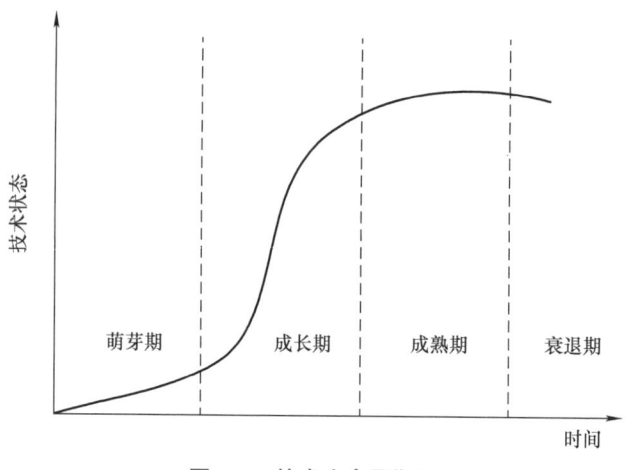

图 1-1 技术生命周期图

在萌芽期,新技术尚没有真正进入市场,在此期间技术的市场渗透率大致为零。在成长期,技术的未来用途得到了大力开发,技术得到迅速推广,其市场渗透率得到迅速提高。在成熟期,技术在原有基础上得到了多次改进,随之而来的是市场渗透率达到最高点。在衰退期,原有技术又逐渐被新技术所取代,市场渗透率也慢慢下降。

(3) 技术 S 曲线理论

技术 S 曲线表示一种技术在某段具体时间内,为其所投入的努力程度同其所产生的性能改进之间的关系。这一理论假定,任何技术在其发展的初期,其性能的改进常常比较缓慢。在技术更好地被人们理解、控制以及传播开之后,技术改进的速度也将加快。但是到了技术的成熟阶段,技术沿着渐近线接近一种自然的或者物质上的极限。此时,要实现技术上的某种改进,将需要更长的时间或者更多的技术上的努力。这种沿着曲线的向上运动过程被称为"该项技术在某一技术性能上的渐进性改进"。当渐进性改进达到某种极限时,如果技术仍不能满足用户的需求,科学家便会用一种不同的技术取代现有技术。若某种具有更高潜力的新兴技术出现,则技术表现为不连续性(见图 1-2)。

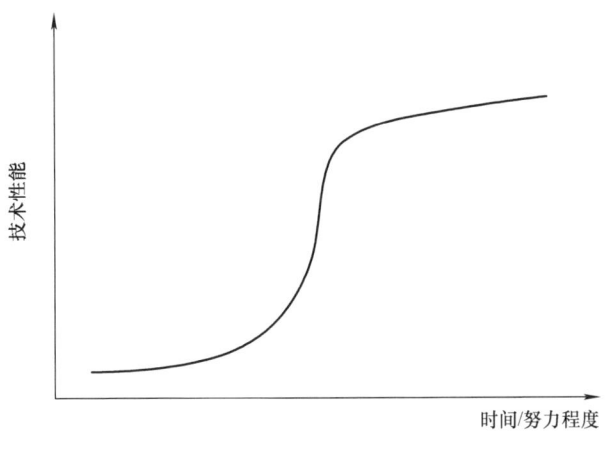

图 1-2 技术 S 曲线图

2. 技术变迁理论与企业管理

从广义上看,企业环境是所有对企业经营绩效产生影响的各种外部力量的总和。对于企业环境变化的原因,很多学者都认为,竞争性因素、法律因素、政治因素、技术因素及其相互之间的关系影响着企业的环境状态。其中,在今天技术对环境的影响又显得尤为突出,有研究表明技术变迁已成为推动环境变化的关键力量之一。

对于作为社会经济关系发展产物的企业而言,技术往往对其各种活动具有主导支配作用,技术发展的程度常常决定了企业的性质与生产水平。从企业种群角度看,技术变迁所引起的环境变化会影响整个产业的兴衰。而从企业个体角度看,技术变迁是企业外部环境变迁的主要途径之一,技术变迁容易引起企业竞争力的变化。在企业生态学中,技术变迁促使企业生态系统打破旧的平衡,迈向新的更高的层次。一个企业如果无视技术变迁所带来的影响,其从环境中获取资源的能力势必会受影响,其生存和发展会受到威胁。每一次技术上的重大发明创造,都会引发相关行业中企业大量死亡和创生的现象。

面对技术变迁所带来的环境变化这一挑战时,企业生存和发展形势更加严峻。更为紧迫的问题是,应对技术变迁所带来的环境变化不能沿用以往在相对稳定环境中所采取的管理方式。因此,在技术变迁理论的指导下,采用适应当前新技术变迁形式的有效企业管理方法,对企业的长远发展极具现实意义。

3. 技术变迁理论在财务数字化管理中的应用

企业实施财务数字化管理离不开技术变迁理论的指引与参考。随着科技的不断进步,数字化技术逐渐被应用到更加深入和广阔的场景中。加速数字化技术研发,推动企业创新的快速落地已经成为各行各业数字化转型的共识。本书将以尚品宅配和民生银行为例,通过分析技术变迁理论指导下的企业财务数字化管理应用,深化对技术变迁在数字化转型过程中作用的理解。

➢ 案例一 尚品宅配:技术赋能全屋定制

尚品宅配是国内率先提出"全屋定制"概念的家居品牌,其突破了传统家具行业的思维局限,通过创新打造"C2B(消费者到企业)+O2O(线上到线下)"的商业模式,运用大数据、云计算等数字化技术,满足消费者个性化家装的定制需求,把少数人的定制变成多数人的生活,探索出传统制造业与互联网、信息技术深度融合的商业模式新范式,成为"互联网+工业4.0"的应用典范。

智慧门店。互联网发展迅猛,家居行业面临实体门店消费者愈发减少的困境。公司在2010年开始试水O2O模式,通过线上展示互动,线下服务体验,实现线上线下服务的双线同步。近两年,伴随疫情的影响,公司宣布进一步启动线上门店服务,将O2O模式升级为线上获客、量尺、设计、方案沟通,乃至线上成交的全线上服务闭环,让消费者足不出户即可获得定制体验。

大数据云设计库。线上模式的核心在于其强大的数据库系统。平台基于互联网的实时交易和互动设计系统,广泛收集了数百万个楼盘和房型,在云端构筑海量房型库、产品库、方案库,消费者只需输入房型、尺寸、需求,就能快速获得定制化的装修风格。同时,在公司生产和营销过程中产生的生产运营和消费者需求数据,仍在源源不断地反向充实着数据库。大数据资源让公司可以精准地把握消费者需求,让公司比消费者更懂自己,为消费者提供了更多的个性化选择。

柔性生产系统。公司解决了前端的定制化设计问题,而后端则需要柔性生产系统解决大规模生产的屏障。公司应用信息技术及自主设计的软件,对传统的生产流程进行改造,通过数据处理中心把前端设计方案的订单描述、图片等信息转换成附有加工属性的生产数据,完成从原材料、加工到配套的全智能自动分配,实现了材料的最大化利用,缩短了交货周期,降低了出错率,清除了个性化定制与大规模生产之间的屏障(见图1-3)。

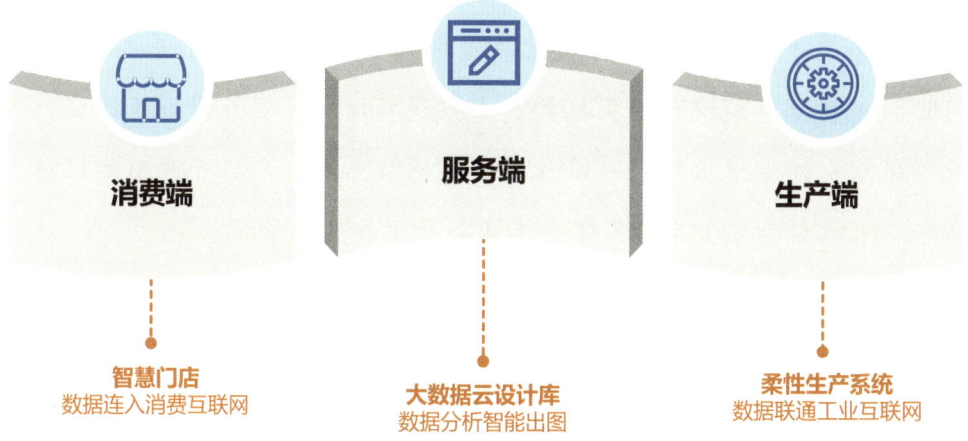

图1-3 尚品宅配整合家居公共服务平台

> **案例二 民生银行：区块链重构信用体系**

金融业是将区块链技术应用得最深入、最广泛的行业之一，在区块链技术方面取得了较大的突破。民生银行作为国内首批加入 R3 区块链联盟的民营企业，从 2016 年开始布局区块链技术，并将研究重心放在基于区块链分布式账簿技术的业务模式上，通过联合中信等银行共同开发银行联盟链，逐步在信用证相关财资管理的风险防控方面取得较大突破。

信用证是指银行根据进口人（买方）的请求，开给出口人（卖方）的一种保证承担支付货款责任的书面凭证。长期以来，银行间的国内信用证业务均采用传统的信开和邮寄交单方式，效率较低，安全性不高；同时，客户只能查询到开户行内的业务进展情况，无法了解交易对象方银行的处理进度，透明度较差。银行的财资管理部门也缺乏足够的手段来核实业务贸易背景的真实性，难以防范发票、第三方单据等纸质凭证重复使用、发生造假的情况。

2017 年，民生银行联合中信银行合作打造信用证信息传输系统，在基于区块链技术的 BCLC 系统上线后，新系统实现了从信开到电开、从纸质寄单到电子交单的转变，降低了时间成本和邮寄成本；客户可以通过网银等渠道实时查询完整的业务链条进展情况，增加了业务透明度；同时引入物流、国税等相关机构，业务和单据的真实性得到了保证，降低了风险；而监管部门也可以作为链上的节点接入，公开透明的银行交易账本可以帮助监管部门采集所有业务数据和实时管理。

三、内部控制理论

1. 内部控制理论的定义及内涵

2008年，财政部等五部门联合发布的《企业内部控制基本规范》中，将内部控制定义为"由企业董事会、监事会、经理层和全体员工实施的、旨在实现控制目标的过程。内部控制的目标是合理保证企业经营管理合法合规、资产安全、财务报告及相关信息真实完整，提高经营效率和效果，促进企业实现发展战略"。

（1）内部控制原则

内部控制原则是指对构建和设计内部控制制度体系具有指导性的标准和法则。只有正确的原则指导，才能构建出科学合理的内部控制制度体系。有效的内部控制体系应遵循以下原则：①合法合规原则，应当符合国家有关法律法规与基本规范，并符合企业的具体情况；②重要性与全面性相结合原则，应当涵盖单位内部涉及会计工作的各项经济业务及相关岗位，并应针对业务处理过程中的关键控制点，落实到决策、执行、监督、反馈等各个环节；③有效性原则，必须真正落到实处，任何人不得拥有超越制度或违反规章的权力；④不相容职务相分离原则，保证不同的岗位与职务间的权责分明、相互监督、相互制约；⑤动态性原则，应当随外部环境的变化而变化，并随着企业业务职能的管理要求的调整和提升而不断地修改与完善；⑥成本效益原则，通过科学合理的成本控制，达到最佳的控制成效与效果（见表1-1）。

（2）内部控制目标

有效的内部控制离不开正确的内部会计控制目标。企业内部控制目标取决于企业的内部权责组织结构。一般而言，内部控制的目标包括：

①协调企业权责利益关系，通过切实有效的关系协调，找到权责关系的平衡点与利益的均衡点，有效实现现代企业内部控制的其他目标；②保证国家法律法规、企业规章制度的执行，为各企业严格贯彻执行国家财政法规提供保障，保护企业资产的完整与安全；③提升企业营运效率效果，完善财务相关工作的岗位责任制度，从而强化管理，提高企业经济效益水平；④促进会计信息质量的提升，加强对会计信息的收集、整理、录入、汇总等环节与过程的监督管理，有效提升会计信息的质量（见表1-2）。

表1-1 企业内部控制的基本原则

基本原则	基本内涵
合法合规原则	应当符合国家有关法律法规与基本规范，并符合企业的具体情况
重要性与全面性相结合原则	应当涵盖单位内部涉及会计工作的各项经济业务及相关岗位，并应针对业务处理过程中的关键控制点，落实到决策、执行、监督、反馈等各个环节
有效性原则	必须真正落到实处，成为所有员工严格遵守的行动指南，并且执行内控制度不能存在任何例外，任何人不得拥有超越制度或违反规章的权力
不相容职务相分离原则	应当确保企业内部与财务工作相关的岗位、职务的设置合理性及合理划分职责权限，坚持不相容职务相互分离，从而保证不同的岗位与职务间的权责分明、相互监督、相互制约
动态性原则	应当随外部环境的变化而变化，并随着企业业务职能的管理要求调整和提升而不断地修改与完善
成本效益原则	通过科学合理的成本控制，达到最佳的控制成效与效果。通常情况，企业成本控制的费用应该低于潜在风险或是差错造成的浪费和损失

表1-2 企业内部控制的目标

目标	基本内涵
协调企业权责利益关系	企业所有者与经营者的不同目标，决定了在双主体控制下的企业内部控制首要目标和基本目标是协调所有者与经营者之间的利益与矛盾，通过切实有效的关系协调，找到权责关系的平衡点与利益的均衡点，有效实现现代企业内部控制的其他目标
保证国家法律法规、企业规章制度的执行	企业内部控制制度必须为各企业严格贯彻执行国家财政法规提供保障，保护企业资产的完整与安全
提升企业营运效率效果	通过建立健全的内部会计控制制度，完善财务相关工作的岗位责任制度，不断规范经营管理行为，从而强化管理，规避并防范经营风险，提高企业经济效益水平
促进会计信息质量的提升	健全的内部控制制度，有助于加强对会计信息的收集、整理、录入、汇总等环节与过程的监督管理，能够及时发现和纠正财务工作中的问题，有效提升会计信息的质量，从而更加真实完整地反映企业经营管理活动

（3）内部控制要素

内部控制包含内部环境、风险评估、控制活动、信息与沟通以及内部监督五要素。各要素的具体内涵如下：①内部环境是企业实施内部控制的基础，是企业发展的根基。加强和完善企业内部控制，首先应注意内部环境的建设。一般包括治理结构、机构设置及权责分配、内部审计、人力资源政策和企业文化等。②风险评估，是指管理层对企业经营活动、财务报告、合规程度有影响的内外部风险进行识别和分析，确定风险应对策略。随着经济环境、科技发展的不断变化，企业必须做好风险评估机制，保证企业应对风险的能力不断加强，做出风险避免、分散、控制、共担、转移和接受的策略。③控制活动，是管理者根据风险评估的结果，采取相应措施，把风险控制在可承受的范围内。活动一般包括：授权、职责明确、规范业务流程、全程业务记录、制定规章制度、实行检查和制定控制标准。对风险的控制措施一般包括：不相容岗位的分离、授权审批控制、会计系统控制、财务保护控制、预算控制、运营控制和绩效考评控制等。④信息与沟通，是企业及时、准确地收集、传递与内部控制相关的信息反馈执行情况，并与预期目标进行比较分析，查漏补缺，确保信息在企业内部及企业与外部之间的有效沟通，以便对内部控制的执行情况进行判断与优化。⑤内部监督，是企业对内部控制建立与实施质量进行跟踪调查和监督，评价其执行的有效性，发现内部控制的缺陷，对不合理环节、程序，及时加以改进优化，确保其运行的有效性。其中，内部审计是内部监督的重要手段（见表1-3）。

上述五要素既相互联系又相互制约。内部环境是基础，风险评估是建设的方向，控制活动是内部控制体系的核心环节，信息与沟通是承上启下的环节，而内部监督是使内部控制成为闭环的重要组成部分。

表 1-3　企业内部控制的五要素

要素	基本内涵
内部环境	企业实施内部控制的基础，是企业发展的根基。加强和完善企业内部控制，首先应注意内部环境的建设。一般包括治理结构、机构设置及权责分配、内部审计、人力资源政策和企业文化等
风险评估	管理层对企业经营活动、财务报告、合规程度有影响的内外部风险进行识别和分析，确定风险应对策略。随着经济环境、科技发展的不断变化，企业必须做好风险评估机制，保证企业应对风险的能力不断加强，做出风险避免、分散、控制、共担、转移和接受的策略
控制活动	管理者根据风险评估的结果，采取相应措施，把风险控制在可承受的范围内。活动一般包括：授权、职责明确、规范业务流程、全程业务记录、制定规章制度、实行检查和制定控制标准。对风险的控制措施一般包括：不相容岗位的分离、授权审批控制、会计系统控制、财务保护控制、预算控制、运营控制和绩效考评控制等
信息与沟通	企业及时、准确地收集、传递与内部控制相关的信息反馈执行情况，并与预期目标进行比较分析，查漏补缺，确保信息在企业内部及企业与外部之间的有效沟通，以便对内部控制的执行情况进行判断与优化
内部监督	企业对内部控制建立与实施质量进行跟踪调查和监督，评价其执行的有效性，发现内部控制的缺陷，对不合理环节、程序，及时加以改进优化，确保其运行的有效性。其中，内部审计是内部监督的重要手段

2. 内部控制理论与企业管理

随着管理学理论的发展，管理学知识也逐渐运用到企业内部控制的研究中。管理学视角最典型的内部控制即企业管理控制的研究，有关管理控制与内部控制关系的研究，理论界也存在管理控制决定内部控制、内部控制决定管理控制以及二者是整合一体的讨论。

内部管理控制应成为内部控制的一个重要组成部分，并且在内部控制整体框架中处于主导与支配地位。内部控制的建设和完善不仅应该包括内部管理控制，而且应以内部管理控制为主导，而不是局限于从外部审计的角度强调内部会计控制的建立和完善。COSO 报告中企业营运效率效果这一控制目标，在企业内部控制中占重要支配地位，发挥主导作用，而其他的控制目标则应服从这一目标。内部控制可分为战略控制、管理控制和作业控制三个层次，管理控制是内部控制的核心，是连接企业战略控制与作业控制的桥梁，没有有效的管理控制，不仅会导致企业战略目标无法实现，企业作业控制也将迷失方向。

内部控制与公司治理相衔接，管理控制作为内部控制的具体执行结构，服务于公司治理和内部控制的需要。管理控制模式的发展和丰富，也为内部控制有效性的完善提供理论支持。全面预算管理作为一种高效的管理控制方式，能使企业目标具体化，并能强化内部控制，因此以企业全面预算管理来完善企业内部控制应是一项可行的措施。管理控制是绩效管理的理论基础，绩效管理又是内部控制的主要手段，从管理控制的角度分析绩效管理的设计思想和方法，可以增强内部控制的有效性。

相关研究认为，管理学意义上的内部控制，与管理控制具有同源性和同质性，几乎是"管理控制"的同义词；与会计审计意义上的内部控制相比，其包含的范围更广、职能更多、作用更大。研究内部控制，不仅应从会计审计视角考虑，更应从企业经营管理视角来研究，寻求内部管理控制和内部会计控制的和谐统一，共同实现企业的控制职能。

3. 内部控制理论在财务数字化管理中的应用

内部控制贯穿企业的各项经营管理活动。在建立数字化管理架构的实际进程中，稳定的数字化系统对企业转型发展至关重要。众多企业开始加大数字化系统建设的投入，提升财务部门与业务部门的协同性，为企业智能化发展构筑扎实基础，并为企业价值创造提供有力支撑。上述过程需要以内部控制作为制度保障，企业财务数字化管理的实践也离不开内部控制理论的指引。本书将以联储证券和法国电力为例，对内部控制理论在财务数字化管理中的应用进行系统性介绍。

➢ 案例一 联储证券：财务大数据平台

联储证券是一家以"创造价值"为使命的综合性券商，为企业、个人、金融机构、政府客户和机构投资者提供一站式的金融业务服务。作为特定领域的金融机构，联储证券有着繁复的科目设置、大量的流动资产、特定的融资渠道和债务构成等，财务数据仅仅用于展示公司收支，而无法实现企业经营的洞察分析，这实际造成一种数据资源的浪费。同时，证券公司的不同业务通常对应不同的信息系统，各部门、各系统之间数据未打通，"数据孤岛"现象较为普遍。跨系统的数据传递往往时效性较差，人工投入大，且无法保证数据的准确性。

联储证券依托大数据技术和企业级数据仓库，以自研方式建设了财务大数据平台，与财务系统及多种展示端共同构成了财务大数据体系。平台从公司各类业财系统中获取业务数据、收支数据以及基础主数据，直接或间接地生成财务凭证；同时，通过财务大数据平台的加工，更多的数据以更直观和多维度的形式被展示出来，便于不同的用户进行查看检索。

为了发挥平台内数据的最大价值，提升数据服务的时效性，缩短数据处理流程及周期，联储证券一方面开展流程融合：通过平台管理将企业经营中的业务流程、财务会计流程、管理流程有机融合，建立基于业务事件驱动的财务信息处理流；另一方面，通过平台内OCR（光学字符识别）图像识别、RPA（机器人流程自动化）、大数据等先进技术，实现包含全票种智能识别、报销单智能填报、发票自动验真、全面费用稽核、智能审批助手等功能的智能费控，解决了费用处理中人工工作量大、审核周期长、预算管控不及时、员工填报体验差等问题。

> **案例二 法国电力：全过程内部控制管理**

法国电力是世界领先的电力公司之一，在水电、热能、核能、可再生能源方面具有世界级的工业竞争力，提供包括电力投资、工程设计、电力管理与配送在内的一体化解决方案。公司的电力工程项目通常耗时长、资金规模庞大，复杂的会计核算为企业经济收益带来了诸多不确定性因素。公司财务部门根据工程项目不同阶段的需求，派驻不同的财务角色，结合内部控制的五要素，全程参与工程项目从规划到竣工验收的内部控制管理，业财融合为投资、基建部门提供了专业支持，并为进一步完善公司内部控制制度提供了现实反馈。

法国电力的工程项目分为投资机会研究、可行性研究、项目规划、工程施工和竣工决算五个阶段。前三个阶段，由财务部的投资和融资团队选派财务人员担任投资经理角色，在评估各个阶段的风险的基础上，把控活动质量，并加以监督。在投资机会研究阶段，投资经理负责考察所在国家与地区的经济稳定情况，以及货币、税制、金融机构等经济背景，从而分析项目所在地的供求关系、销售预期，挖掘商业机会，为企业建设良好的内部环境。在可行性研究阶段，投资经理协助投资和工程部门分析项目建设的必要性，考察项目的获利能力、清偿能力、外汇效益等财务状况，协助项目经理完成可行性分析报告，保障工程项目的投资效益。在项目规划阶段，投资经理负责成本预算和中长期销售预测，协助项目经理完成收益分析和商业计划报告。投资经理通过提供投资建议和可行性分析，保障工程项目各阶段的投资效益。

工程项目的后两个阶段，由财务部的会计和税务团队选派人员担任财务主管角色，确保信息传递的效率和部门间沟通的及时性。在工程施工阶段，财务主管负责日常财务工作，包括供应商合同及项目支出与成本管理。在竣工决算阶段，财务主管负责从项目筹建到竣工验收、交付使用全过程中各项费用的核算，协助项目经理出具竣工财务决算说明书和竣工财务决算报表。财务主管通过财务稽核，监控项目费用支出，及时发现项目支出异常情况并查明原因，加强工程各阶段的成本控制，有效发挥内部监督职能。

四、精益管理理论

1. 精益管理理论的定义及内涵

精益管理（Lean Management）的理念来源于精益生产（Lean Production），精益生产是对日本丰田生产模式的总结和提炼。精益生产的核心思想可以概括为"一个目标""两大支柱"和"一大基础"。"一个目标"是指以较少的投入实现企业价值最大化；"两大支柱"是指及时化和自动化，即通过充分了解市场需求，及时响应客户需求，并实施以人为本的适度自动化；"一大基础"是指持续改善以获得产品或服务的价值增值。由此可见，精益生产是以消除浪费为目标，围绕生产过程进行提升的一种管理形式。

精益管理是精益生产概念的扩展与延伸，将精益生产扩大到企业运营管理的全过程中，其应用从局限于汽车制造行业扩大到其他行业、其他领域中，其核心也从以准时化生产为中心的精益生产转变为以提升管理效率为中心的精益管理。精益管理的本质是"持续改善、追求卓越"，主要内容是找出管理环节中浪费资源的环节，利用高效的手段和工具分析产生浪费的原因，通过科学全面的方法来消除浪费，从而完善企业管理、实现企业效率最优化。精益管理的内涵包括三层（见图1-4）：

第一层,不能满足于现状,需要寻求突破;

第二层,尽可能消除浪费,创造顾客价值;

第三层,不断发现新问题,持续寻求改善。

图 1-4　精益管理的内涵

2. 精益管理理论与企业管理

精益管理理念的精髓是"精"(即少投入,避免浪费)与"益"(即高效益,精益求精)。经过三十余年的发展,精益管理已经从单一的生产领域拓展到企业经营管理的若干环节,例如人力资源管理、供应链管理、财务管理等。

1)精益管理理念与人力资源管理。在精益管理思想下,人力资源管理应当实现精细化和准确化管理,最大限度地减少人力资源浪费,提高人才使用效率。一是要转变人才观念,要善于在过去视为常态的人力资源工作中,深度挖掘各种浪费现象,变粗放的人力资源管理为精细、准确化管理,全面提升人才使用效率;二是要准确用人,提高企业的识人、用人水平,消除因"小材大用"和"大材小用"等用人不当造成的浪费现象;三是做细基础工作,严格实施绩效考核制度,确保考核工作的准确、客观、公正,提供多渠道的晋升空间;四是通过物质激励和精神激励充分调动员工积极性,深入挖掘员工潜能,激发员工的创造性;五是要加强企业文化建设,提升员工的归属感,强调团队合作精神。

2）精益管理理念与供应链管理。在精益管理思想下，供应链管理应当以客户需求为中心，对供应链中的材料采购、产品设计、制造和分销等每一个环节进行分析，并依据不间断、不迂回、不倒流、不等待和不出废品的原则制定创造价值的行动方案。一是要高度重视物流服务质量，应当建立覆盖供应商、制造商、分销商、配送中心等供应链网络的各个节点的质量保证体系，追求产品的零缺陷；二是在提供令客户满意的产品和服务的同时，力争消除供应链网络中一切形式的浪费；三是以客户需求为中心，在适当的成本下最大限度、最快速地满足客户特殊化、多样化的需求；四是坚持持续改进，不断完善，使供应链总成本不断降低，总体效率不断提升。

3）精益管理理念与财务管理。在精益管理理念下，财务管理应当充分挖掘和利用企业现有的可利用资源，尽可能减少不能创造价值的作业和活动，有效组织和配置资源，以求成本的不断降低和利润的不断提高，最终达到提升企业价值的目的。一是在筹资管理活动中，在风险可控的条件下，以企业目标和财务管理目标为指导，最优化筹集企业所必需的资金；二是在投资管理活动中，根据企业发展战略和不同时期的目标进行合理的投资规划，提高投资质量，以最小投资获得最大价值；三是在流动资产管理活动中，适当保有合理的现金额度和库存数量，优化管理应收账款；四是在成本管理活动中，不断消除供应链各环节中不为客户增值的作业，从而达到降低供应链成本、提高供应链效率的目的。

3. 精益管理理论在财务数字化管理中的应用

要将精益管理理论应用在财务数字化管理中，首要前提是拥有精益信息，即细节信息。这些细节信息存在于原因信息之中，只有通过对公司财务状况和业务成果这一结果信息的原因追溯，才能发现公司产生风险的细节因素。这些细节信息也主要存在于业务信息之中，对原因信息的追溯最终必然延展至业务，从而发现每一个业务细节可能给单位造成的不利影响（谢志华，2021）。通过精益信息的获取，财务工作不再局限于核算与监督，而是将工作延展至全业务流程，结合企业目标与业务，发挥财务有效配置资源的作用，加强内部控制，及时发现管理中存在的问题和风险，对管理过程进行不断地改进和完善，实现精益管理（丛梦和王满，2019）。

将精益管理理论应用在财务数字化管理中，可以采用如下措施：

1）建立财务共享服务中心，使财务工作从记账核算型向经营管理型转变。财务共享服务中心的建设，有助于降低会计核算成本，提高会计核算服务效率，精简会计核算人员，从而释放更多的会计人员从事业务型财务工作，有利于财务部门开展业财融合，提高财务精细化程度。

2）加强财务业务数据整合，提升财务部门与业务部门之间的信息沟通效率。拓展数据边界，从采购、生产、营销等业务领域获取数据，并将碎片化的数据归集到系统中实行集成化管理与分析，双向促进财务与业务活动的准确性，打破各部门及各业务间"信息孤岛"的局面，实现对企业未来经济活动的精准预测。

3）打造高素质的财务团队，实现财务与业务的深度融合。首先，财务人员需转变理念，以统一的组织价值实现为目标，提升与业务融合的主动性。其次，财务人员需要从对于财务知识的认知能力，延伸至对于数据信息的搜索能力、处理能力和洞察能力。最后，财务人员需要关注行业政策与趋势、各种商业模式、市场竞争信息等，并基于信息的分析和预测，提供各种对于决策有用的信息。

华为公司为精益管理理论在财务数字化管理中的应用提供了有益经验，本书对此进行分析论述，以期加深对精益管理理论的理解和感知。

> **案例一 华为：财务是业务的最佳伙伴**

华为是全球领先的信息与通信（ICT）基础设施和智能终端提供商，致力于通过研究与创新，将每一个人带入万物互联的智能世界。伴随着华为公司规模的扩张和业务全球化进程的加速，传统会计核算暴露出诸多弊端，如对现金流重视不足、无法为决策人员及时提供经营数据等，严重影响了公司"以客户为中心"的发展战略，由此激发了华为财务转型的决心。

经过多年业财融合的发展与实践，华为财务形成了"三支柱"的体系架构（见图1-5），充分调动业财团队活力，发挥每一个职能的能动性，确保业务在全球顺利开展。

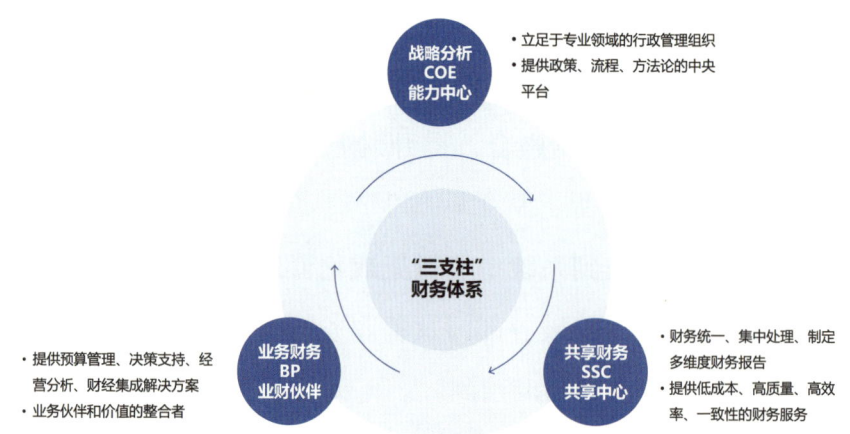

图1-5 华为"三支柱"财务体系

第一层为能力中心（COE），立足于专业领域的行政管理组织，是提供政策、流程、方法论的中央平台。能力中心设置9个下属部门，主要负责集团政策、发布文件和制度的制定，让董事会的管理理念和思想在本领域得以执行、落地，职能包括集团财经职能（资金管理、财务管理等）、高阶投资组合管理职能等。

第二层为共享中心（SSC），分为标准化SSC和全球性SSC。标准化SSC主要负责所在区域的应付账款、销售核算、经营分析报告；全球性SSC主要负责全球资产核算、应收账款核算和全球关联交易核算。在对业务数据和项目运作实时监控的同时，为旗下所有企业提供低成本、高质量、高效率、一致性的财务服务。

第三层为业财伙伴（BP）。华为将财务定位为业务的最佳伙伴，是业务伙伴和价值的整合者，致力于为业务决策提供财务支持。该组织由来自公司各地区运营、平台、产品研发部门的财经人员组成，根据不同的市场需求，将财务人员派遣到相应产品线和市场区域，参与各运营部门与产品线的预算管理、决策支持、经营分析。针对业务，以经营战略为中心，理解业务运作需求，为业务部门提供财经集成解决方案；针对客户需求，打造机会变现的端到端全流程解决方案能力，助力商业成功。同时，将内控融入业务之中，在支撑战略的同时，又保持了相对的独立性。

➢ 案例二 华为：业财双向交流与培训计划

华为要求财务人员要有渴望进步、渴望成长的自我动力。公司认为，没有项目管理经验的财务人员不可能成长为CFO（首席财务官），而称职的CFO应该随时可以接任CEO（首席执行官）。总结来说，华为的财务人员是懂财务、懂业务、会管理的一体化复合型人才。为储备优秀的财务管理人员，华为建立了完善的交流培训机制。

通过完整参与一个项目积累财务经验是成为优秀的财务管理人员的关键。公司针对中级干部采取定期轮岗制度，开展财经和业务部门双向交流与培训计划，鼓励业务干部在通过会计考试的前提下进入财经组织，帮助财经组织更为密切、有效地深入业务、服务业务。

同时，公司要求财务人员，特别是二级及以上部门的主管，自主学习业务的实际运行，选择主流业务进行考试，考试未通过者可以继续履行岗位职能，但无法获得加薪，且暂不能任命。如果接连三次未通过考试，则下调一级工资。通过以上交流培训制度，公司既强化了员工的业财融合意识，又提升了员工的业财处理能力。

五、价值管理理论

1. 价值管理理论的定义及内涵

价值管理（Value-based Management，VBM）是指以价值评估为基础、以价值增长为目的的一种综合管理模式［科普兰（Copeland），1990］。它强调以创造价值、实现价值增长为目标，在企业的经营管理中遵循价值理念和价值增长规律，其核心内容是进行价值衡量，通过对价值驱动因素的分析和评估，挖掘企业生产、采购、销售、研发、投资、财务等经营环节的价值增值潜力。价值管理的主要特征如下：

1）以股东价值最大化为根本目标。价值管理理论认为企业追求的终极目标是为股东创造价值，实现股东价值的最大化。股东价值通常包含某一期间股东实际获得的股利，加上由于股票价格波动而形成的资本利得两部分。"股东价值最大化"是指股利和资本利得之和能够满足股东的最低要求报酬率。

2）重视现金流量和资本成本。价值管理首先必须关注企业未来时期经营活动现金流量的创造，其次必须重视对现金流量的风险进行控制，通过对未来各期的预计现金流量、加权平均资本成本这两个基本因素进行预测和控制，从而实现股东价值最大化。因此，重视现金流量和资本成本成为价值管理的重要特征。

3）价值管理以"过程"为导向。价值管理强调将价值评估和管理的方法引入管理过程的各个方面，包括战略、组织、计划、控制、评价等，特别关注如何运用价值观念进行战略和日常经营决策。在价值管理模式下，企业的各项价值管理工作需要通过具体价值驱动因素指标，层层分解至各职能部门、团队和个人。

4）重视企业可持续发展能力。可持续发展包含长期性和未来性双重含义。长期性是指企业价值管理是一个动态的概念，企业的整体价值增值是价值增值活动结果的长期表现。未来性是指企业价值管理应当重视并科学地规划未来，树立可持续、长远发展的观念，制定长期的战略性决策以确定企业发展的基本方向。

2. 价值管理理论与企业管理

企业价值有两种表现形式，一种是企业外在价值，即企业外部投资者认定企业的投资价值，对于上市公司而言即股票市值；另一种是企业内在价值，即客户的价值，客户的价值是指能为客户提供利益和尽可能新的东西，包括使用功能、专有权、便利等。从企业外在价值角度来看，竞争优势期间是企业价值增加的重要驱动因素，因此需要实施价值创造的战略来保持更长的竞争优势期。从企业内在价值角度来看，需要通过为客户创造超过其成本的价值以赢得竞争优势。

1）价值管理理论与企业战略管理。战略设计决定了企业基本的价值创造模式，决定了企业不可撤回的资源分配，从而决定了企业长期获取现金流量的能力和保持长久竞争优势的可能性。价值创造的战略具有环境一致性和内部一致性。为了实现环境一致性需要对进入的行业进行行业分析，通过行业环境分析获得机会。为实现内部一致性，需要运用价值链分析方法，结合企业的比较优势，通过内部条件分析制定竞争策略。

2）价值管理理论与客户价值管理。客户最终决定了产品价值能否变现，企业既要积极满足客户明确表达的需求，又要善于挖掘客户不易于表达以及尚未产生的潜在需求。因此，需要充分利用大数据进行精细化的数据挖掘，实时把握差异化的客户需求，根据客户不同的兴趣和需求推出不同的产品或服务，持续提升客户体验，让客户实质性地参与企业的生产活动，从需求端向供给侧发力，最终实现企业价值最大化，如图1-6所示。

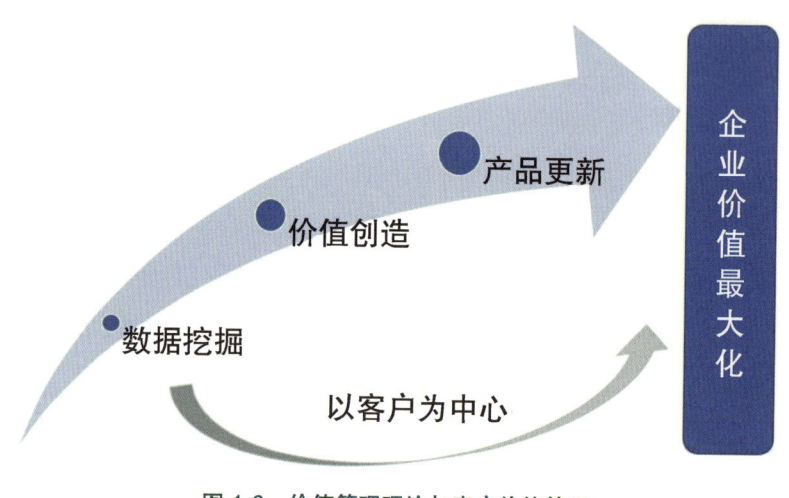

图 1-6　价值管理理论与客户价值管理

3. 价值管理理论在财务数字化管理中的应用

企业财务管理的根本目标是实现企业价值最大化。传统的财务管理理论认为，对于企业所有者、债权人、管理者等，企业的内涵价值多是由企业利润、现金流、净资产等决定，因此将市盈率、市净率、市销率或者现金流折现法等作为企业估值的基本方法，强调未来的盈利、自由现金流和股利分红等能力是企业价值的本源（汤谷良和张守文，2015）。

然而，在数字化时代，投资者对企业价值的认知与判断，已经不再局限于企业现在或未来的利润、现金流、财务分红、营业收入等财务信息，更多的是基于企业的商业模式、核心竞争能力和企业持续创新能力，这些能力的强弱并非由企业拥有的财务资源规模所决定，而是来源于数据本身。随着数字化技术的发展和数字化经营方法论的日趋完善，深度挖掘数据价值，以数据洞察赋能企业管理的创新与发展成为企业转型的必经之路。

在此情形下，数字化时代下的财务管理应当：①强化价值创造思维，成为价值创造的引领者、策划者、推动者、评价者；②将货币时间价值、资金成本、机会成本等价值理念传递至业务前端，融入各项业务活动；③以全价值链分析为基础开展财务管理活动，划小责任中心，识别增值环节，使价值创造成为评价生产经营工作的准绳；④加强财税政策的研究和运用，通过争取国家投入、资本运作、纳税筹划等，为企业直接创造价值。本书以阿里巴巴和阳光电源为案例，讲述价值管理理论在财务数字化管理中的实践经验。

➢ 案例一 阿里巴巴：消费供给双向价值挖掘

阿里巴巴（简称"阿里"）一直走在消费趋势数据洞察的前沿，从传统的消费端出发，再到供给侧的大力创新，阿里通过消费端数据价值的双轮驱动，实现了消费的全域增长，赋能消费者和货品的全生命周期的价值管理。

在消费端，阿里充分利用其强大的数据资产和基础设施，在2017年推出了服务于品牌的消费者数据资产管理中心——品牌数据银行（Brand Databank），将品牌消费者的数据视为资产，像货币一样进行储蓄和增值。阿里运用AIPL（Awareness, Interest, Purchase, Loyalty）

模型①将品牌与消费者关系数据化、定量化,通过数据的全链路可视化,让品牌可以清晰地观察和追踪到消费者在不同阶段的特征,进而指导品牌有针对性地进行运营,对每个消费者的触达都是"量身定做"。同时,品牌和消费者的每一次互动都进行数据实时回流沉淀,并在大生态体系内激活应用,帮助品牌持续积累消费者资产,通过数据维护消费者黏性,为品牌决策提供战略支持。

在供给侧,阿里通过数据赋能企业供给管理,实现从"人找货"到"货找人"的颠覆性转变。阿里认为,一个产品并非是卖给所有人的,每个产品都可以找到最符合产品自身特点的定制客群。利用阿里数据产品的洞察,通过天猫、品牌方、服务商三方共建,让用户数据不再局限于品牌消费者,而是可以通过多方平台了解更多公域人群的表现,帮助品牌找到新品特点和特性,为品牌方定制出最合适的潜在用户群体,再进一步针对不同的群体进行不同价格的供给匹配,甚至是未来的产品设计,增强"货找人"的效果。

➢ 案例二 阳光电源:数据共享提升发电效益

阳光电源股份有限公司(简称"阳光电源")成立于1997年,以逆变器起家,产品逐步拓展至光伏逆变器、风电变流器、储能系统、水面光伏系统、新能源汽车驱动系统、智慧能源运维服务等,现已发展成为光伏产业电子电力平台的巨头。近两年,随着绿色低碳发展的推进以及可再生能源应用比例的提升,在全面实现平价上网的时代背景下,光伏产业也迎来了相应的机遇和挑战。

补贴退坡、平价上网,意味着光伏运营主体的政策性收益减少,从

---

① AIPL 模型是源于美国的一种营销模型,旨实现消费者从 Awareness(认知)到 Interest(兴趣)到 Purchase(购买)再到 Loyalty(忠诚)的过程。

而倒逼光伏运营必须着力提升发电效率及实际利用小时数，并有效控制运维成本，以降低度电成本，维持合理收益水平。从平价项目相关情况来看，山地、农光互补等复杂多变的应用场景正逐渐增加，作为光伏电站的重要一环，光伏电站支架，尤其是跟踪支架，通过与逆变器、高效组件的融合协同，将成为提升发电效率的主要技术手段。为此，阳光电源打造了基于数据开放共享平台的"逆变器+跟踪系统"解决方案，通过合理的共享机制，让逆变器与跟踪系统的数据开放共享，通信接口统一。

逆变器共享直流电压电流、交流功率等数据；跟踪器共享支架数据，诊断算法实现了从传统单角度到多角度的优化，通过深度学习，让诊断更加精细、运维建议更加明确，从而更高效地指导光伏电站运维。同时，公司提出了基于数据共享的逆跟踪优化算法，结合地形、布局及天气信息，对全站光伏组件及辐照仪数据进行深度分析挖掘，以实时特性作为反馈信号，实现跟踪器控制策略，减少了由于辐照仪被雨雪、灰尘遮挡等因素而带来的场景误判概率，避免造成发电量损失。通过"逆变器+跟踪系统"的数据共享协同，实现系统整体融合的价值最大化，显著提升了电站发电量和设备利用小时数，从而进一步提升发电效益、降低光伏度电成本。

第二章

财务数字化管理——前世今生

一、概念界定

1. 财务数字化管理的概念

财务数字化管理是指将大数据、人工智能、移动互联网、云计算、物联网、区块链等数字化技术运用于财务工作，对传统财务工作边界进行延伸和拓展，以改善会计信息质量、提升数据处理能力、增强流程自动化程度、提高财务工作效率、降低财务工作成本、提升业务合规能力和价值创造能力，充分发挥企业财务在数据价值挖掘、动态决策支持、智能财务预警等方面的作用，以财务赋能业务，通过财务的数字化转型推动企业的数字化转型进程（刘梅玲等，2020）。

2. 财务数字化管理的特征

在数字化赋能下，各项数据有机联动，通过数据流引导来牵动信息流、资金流、实物流等各种"流"的运转，从而实现相互配合、协同共生，大力提高企业运营效率。总体而言，财务数字化管理将呈现全面共享、高效融合、深度协同和精细管理的特征（见图2-1）。

1）全面共享。一是横向共享，即将财务管理工作与业务活动有效衔接，从而形成完整的信息资源共享机制；二是纵向共享，即整合重复性、标准化业务并实现集中处理，达到整合资源、提高效率、降低成本、提升服务满意度的目标。

2）高效融合。财务管理从被动反应转变为主动参与，深入业务发展的过程，实现财务管理与业务发展的紧密融合，对业务数据进行深入挖掘和分析，实现对战略发展方向的引领、对业务经营过程的调度和对经营结果的记录。

3）深度协同。一是各级财务组织间的协同，金字塔式的结构被打破，财务组织实现扁平化、敏捷化；二是部门间的协同，业务部门既各司其职又互联互通，统一于企业的价值链；三是供应链间的协同，企业与供应商、客户等实现信息的实时互动和数据的自动采集，形成具有协同共生能力的组织体系。

4）精细管理。围绕数据的采集、清洗、流通、存储、加工、使用等全生命周期，形成一整套标准、规范的规则体系，数据采集率进一步提高，数据颗粒度进一步细化，数据进行定期或不定期的校验、补充，数据的兼容性、正确性、精准度和普适度提高，基层业务单元层面和流程环节层面实现精细化管理。

图2-1 财务数字化管理的特征

3. 财务数字化管理的要求

企业数字化在数据、技术、组织、人员以及自身经营管理等方面呈现出的特征，其背后实质是以连接、融合、共享的数据资源，加之产品、服务、以客户为中心的创新能力，引领企业未来价值实现与再造的过程。而财务部门作为价值管理整合部门，其作用显得尤为重要，而价值的实现过程对财务数字化提出了更高的能力要求（见图2-2）。

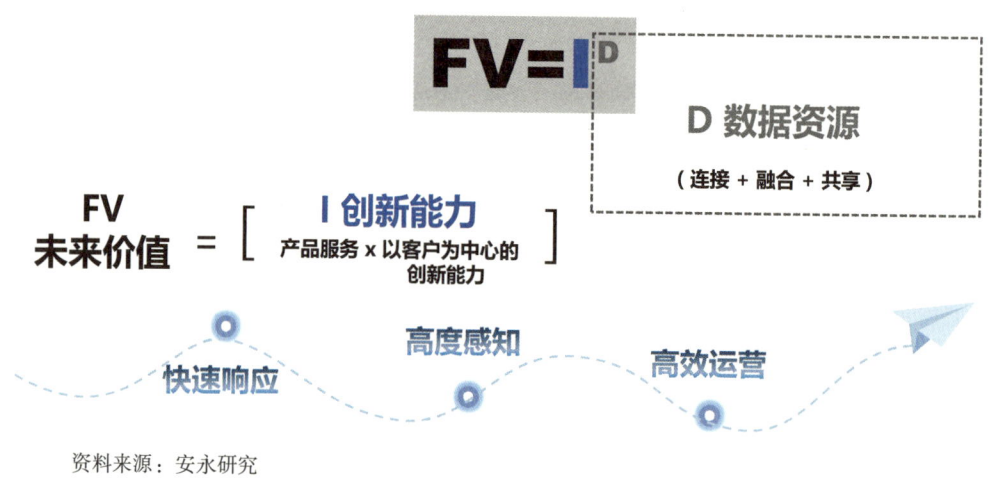

资料来源：安永研究

图 2-2　数字价值公式

（1）快速响应能力

企业数字化管理一方面给各组织层级带来了更多具备时效性的服务需求，财务必须不断优化管理能力以应对外部环境的不确定性风险；另一方面企业对新兴技术的应用使自身可以通过智能终端实时采集企业生产、经营、销售等各个环节的数据，监测设备、资产运行状态并自动传输。这些变化要求财务利用大数据、物联网、人工智能等新兴技术，通过构建全面、高效的数据连接，在正确的时间、正确的地点用正确的服务响应业务需求，使财务能够真正参与企业经营前端，推动企业各层级实现价值创造。

（2）高度感知能力

传统财务侧重于对信息与数据的记录与客观反映，而财务数字化管理的核心在于以业务为起点，从业务视角为企业提供有价值的管理决策信息，要求财务对业务要有充分的洞察与感知。一方面需要围绕业务主线全面梳理业务场景，依托全场景的数据采集与流转实现多视角的业务描述；另一方面在应用大数据的基础上，财务需要通过人工智能等各种数字化技术，灵活开展模拟预测、价值溯源等场景应用，提升自身的业务感知能力。

（3）高效运营能力

数字经济为社会发展带来新业态、新机遇的同时，也为企业带来了更加激烈的市场竞争，这要求财务从企业战略出发，遵循行业、企业的发展规律，通过应用新技术、推动新模式、重构财务组织等一系列创新变革，提升财务运营管控的效率，解决传统财务可能存在的集团财务管控薄弱、资金使用效率不高、资本运营能力不足等问题，从而支撑企业数字化升级，打造面向企业、生态以及其他消费者的创新服务能力。

二、历史沿革

财务在进入数字化管理之前，也经历了漫长的升级变革，而不同时代的变化影响着财务管理理念，决定了其不同的管理职能、手段与目标。财务数字化早期电算化时代处于核算记账的职能阶段，随着管理理念的不断升级，企业经历了财务数字化2.0与财务数字化3.0阶段，逐步实现财务管理的集约化、信息化。

1. 财务数字化 1.0：电算化的财资管理

财务管理 1.0 是企业利用计算机系统与软件实现会计电算化的阶段。

管理职能方面，此时的财务完全是后台的服务职能，主要工作仍然是会计核算、资金管理、报表出具等重复性、操作性较强的工作。

管理手段方面，电子计算机通过系统程序对财务基础信息进行简单的存储、计算与加工，很大程度上简化了人为操作，提升了会计工作效率。

管理目标方面，注重企业财产信息的反映、财产安全的保护，通过建立财务内控制度实现准确记账和核算是这一阶段主要的管理目标。

2. 财务数字化 2.0：标准化的集约管控

财务管理 2.0 是企业财务职能逐步扩展，以流程改革与重构为核心的集约管控阶段。

管理职能方面，企业财务向专家型财务管理发展，逐步集财务计划、财务决策和财务控制于一身，通过标准化、集约化的管理满足会计政策要求，避免企业在全面预算、资金、税务等方面因资源闲置造成损失。

管理手段方面，通过整合、集成在会计电算化时代财务部门积累的各种财务管理系统与软件，推动线上流程的标准化重构。

管理目标方面，通过加强财务管理与企业资源之间的联系，按照业务需求统一调配生产要素，实现企业核心力量的集中，提升企业的效益和效率。

3. 财务数字化 3.0：信息化的业财融合

财务管理 3.0 是以全面信息技术为手段，以业财融合为重心的运营管理阶段。

管理职能方面，随着信息技术发展，在企业内外部互信机制增强的前提下，业务交易等基本处理工作已经全部自动化，专家型财务管理的范围不断扩展，财务转变为与业务共同服务企业发展的战略伙伴。

管理手段方面，在这一阶段，财务数字化 2.0 阶段的集约化、标准化流程重构已经完全实现，互联网、物联网感知等信息技术的应用进一步提高财务人员的工作效率，财务职能向经营分析与运营决策支撑拓展。

管理目标方面，财务主动寻求业财协作，为企业各部门提供高度共享的财务信息服务，并参与企业的经营分析，探索企业的利润、效益增长空间，从战略财务的高度指导企业运营，辅助企业的经营决策。

三、发展趋势——数字化的价值引领

财务数字化管理从 1.0 到 3.0 的发展为企业管理者提供管理手段的同时，也沉淀了大量的数据资源。随着数字经济的来临、数字化技术的变革，财务管理逐步产生数字特征，以不断地创新发展全面引领企业的价值创造。

管理职能方面，随着业财融合的不断深入，为了适应企业数字化价值创造方式，财务职能逐步由价值发现转向价值创造，传统 CFO 角色转向以价值管理为导向的 CVO（Chief Value Officer，首席价值官）是顺应数字化转型的必然要求，要在价值和战略管理中做好理念和实践的转变，以财务数字化来驱动业务数字化，在数字化赋能的过程中，扩展和深化财务管理的深度、广度、精度和速度，提升企业效率和敏捷性。

管理手段方面，财务数字化 3.0 时代通过信息化与自动化的财务管理手段有效提高了企业经营效率，但其在产业价值链各环节的感知力、决策力、适应力都极为欠缺，智能化水平不高。在财务数字化4.0时代，利用数字化技术实时获取场景与业务数据的反馈，结合智能分析开展动态预测，利用智能设备辅助甚至取代人工岗位，使得决策更及时、运营更精细、管理更智能。

管理目标方面，随着新经济、新业态的不断产生，财务管理只有更加注重洞察外部生态的变化，把握市场的需求，连接更多的利益相关者，推动"共创""共赢"，才能实现持续成长。此时的财务管理将超越财务信息化的范畴，利用数据与技术，充分发挥财务在决策支持过程的敏锐性、准确性和前瞻性，从真正意义上起到战略引领作用，指导企业未来的发展（见图2-3）。

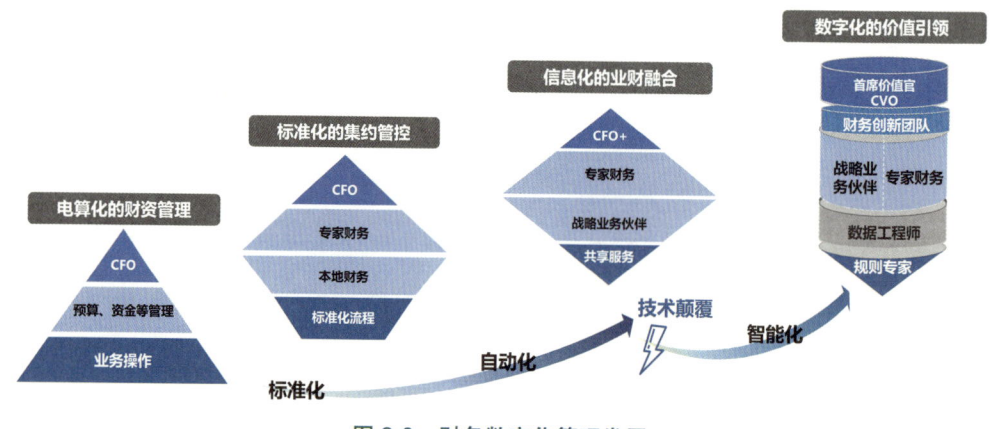

图2-3　财务数字化管理发展

1. 财务核算全流程自动化

数字化技术的应用使得财务核算从传统的事后核算转向智能的实时核算，财务管理活动中所有操作简单、规则固定、业务量大、重复性强、附加值低的业务（如账务处理、报表编制、纳税申报等）都可以交由财务机器人处理，业务发生时可以自动触发财务规则实现自动计量、自动记录、自动监控、自动预警、自动报送和自动稽核，财务人员仅需要识别、归纳和优化核算规则。财务信息从滞后转向及时，财务监控从间断转向连续，财务预警从偏误转向准确。

2. 财务共享服务互动化

首先，财务共享服务中心的搭建可以疏通数据的传导网络，提高数据跨平台、跨场景的重复使用率，方便各主体对数据的共享、调取与使用，满足不同主体对数据的个性化需求。其次，在数据实现及时、高速流转的基础上，利用RPA、OCR等数字化技术可以实现财务核算的自动化与智能化，使得财务共享服务中心从数据核算中心转变为数据服务中心。最后，数据中台的搭建可以打破传统专业边界，帮助企业实现数据的汇聚整合、提纯加工、服务可视化和价值变现，实现财务生态全面数字化，提升企业资源配置效率。

3. 财务决策深度智能化

各项数字化技术的发展使得企业可以获取海量的非结构化和半结构化数据，财务分析的基础不再局限于企业内部的数据和资源，而是拓展至对企业外部（行业、监管部门、竞争对手等）数据和资源的采集、分析和挖掘。这使得事前风险预测、事中数据评估、事后业绩分析等成为财务分析的新内容，为企业各级管理人员提供决策支持。此外，可视化的大屏展示、模型的自主学习能力，可以为企业经营管理提供更直观、更实时、更准确、更全面的决策依据。

4. 业财管理一体化

传统的财务管理模式下,财务与业务相互独立,业务系统在前台运行,会计系统在后台核算,而数字化时代的财务管理会实现财务与业务的紧密融合。一是会计信息的采集伴随着业务活动实时进行,在时间上实现同步而不存在断点,能够高效完成会计核算,合理保证财务信息的服务质量。二是打通信息壁垒,多部门、多领域的海量数据相互补充、相互验证,提升数据的维度和内涵,构造数据采集、传输、存储、处理和反馈的闭环,帮助展现企业经营管理全貌,提升企业经营决策的正确性、科学性。

第三章

财务数字化管理——大势所趋

全球经济治理体系快速变革,数字化技术发展不断催生新业态、新模式,国际能源格局深刻调整,能源改革进入快车道。本章从经济、资源、技术及行业四方面出发,探讨数字化对以国网江苏电力为代表的电网企业的影响,以便使企业顺应愈发激烈的竞争形势和日趋严格的政策环境。

一、经济形势

1. 全球数字经济发展势头强劲

当前,全球经济增速整体呈放缓趋势,伴随全球疫情形势依旧严峻、地缘政治不断变化、供应链面临断链危机等众多不利因素,各国经济中长期复苏仍面临脆弱性和不确定性,进一步加剧了国际政治经济格局的演变与调整。

面对有限的世界资源和日益激烈的大国间博弈,发展数字经济,即"数字经济是继农业经济、工业经济之后的主要经济形态,是以数据资源为关键要素,以现代信息网络为主要载体,以信息通信技术融合应用、全要素数字化转型为重要推动力，促进公平与效率更加统一的新经济形态"[一]，成为世界各国应对新形势的战略共识。

各国纷纷出台中长期数字化发展战略，加快发展数字经济，紧握新一轮科技和产业变革机遇。美国政府于 2020 年 10 月发布《关键和新兴技术国家战略》，将人工智能、量子信息科学、人机界面、数据科学与存储等 20 项技术定义为国家最高优先级的"关键和新兴技术"，力争在这些领域保持全球领导地位。欧盟于 2021 年 3 月发布《2030 数字罗盘：欧盟数字十年计划》，强调发展数字化教育与人才建设、数字化基础设施、公共服务数字化和企业数字化，在未来十年构筑以人为本、可持续发展的数字社会。日本政府全力推进"数字新政"，在中小企业信息化、后 5G（第五代移动通信技术）时代信息通信基础建设、学校信息通信（ICT）应用等方面加大资金投入，全力推进社会智能化进程，激发中小企业数字化新活力。

2. 中国数字产业变革突飞猛进

我国政府高度重视数字经济发展。2017 年 3 月，"数字经济"一词首次出现在政府工作报告中，标志着数字经济正式上升为国家战略。随后，数字经济相关政策逐年完善。2018 年 4 月，在全国网络安全和信息化工作会议上，习近平总书记强调，中国"要发展数字经济，加快推动数字产业化，依靠信息技术创新驱动，不断催生新产业新业态新模式，用新动能推动新发展"。2019 年 11 月，党的十九届四中全会提出要推进数字政府建设，以数字政府建设赋能政府治理体系和治理能力现代化改革。2020 年 10 月，党的十九届五中全会强调"十四五"期间要坚定不移地建

[一] 国务院发布的《"十四五"数字经济发展规划》。

设"数字中国",推动数字经济和实体经济深度融合。2021年,《中华人民共和国国民经济和社会发展第十四个五年规划和2035年远景目标纲要》中将数字经济单独列为一篇,明确提出我国要"加快数字化发展,建设数字中国",并就打造数字经济新优势、加快数字社会建设步伐、提高数字政府建设水平、营造良好数字生态做出重要战略部署(见图3-1)。

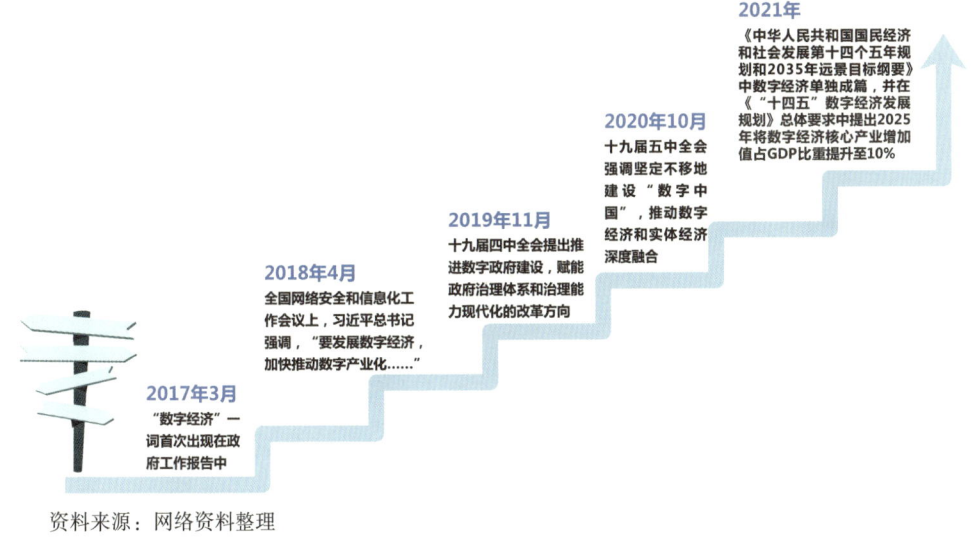

资料来源:网络资料整理

图 3-1 我国数字经济政策历年大事记

数字经济已经成为推动我国经济发展的重要引擎。近年来,我国数字价值不断释放,数字经济规模位居世界第二,由 2005 年的 2.6 万亿元扩张到 2020 年的 39.2 万亿元(见图 3-2)。纵观全球,中国是唯一在 2020 年实现经济正增长的主要经济体,即使是在疫情影响最严重的时期,GDP(国内生产总值)依然较上年保持增长趋势;其中,数字经济高位增长 9.7%,是同期 GDP 名义增速的 3.2 倍多。㊀ 在数字经济的推动下,我国在这场全球危机中迸发出强大的韧性和竞争力,数字经济已然成为我国最具活力、最具创新、辐射最广的经济形态,是国民经济持续稳定增长的关键动力,也是国民经济的核心增长点之一。

㊀ 中国信通院发布的《中国数字经济发展白皮书(2021)》。

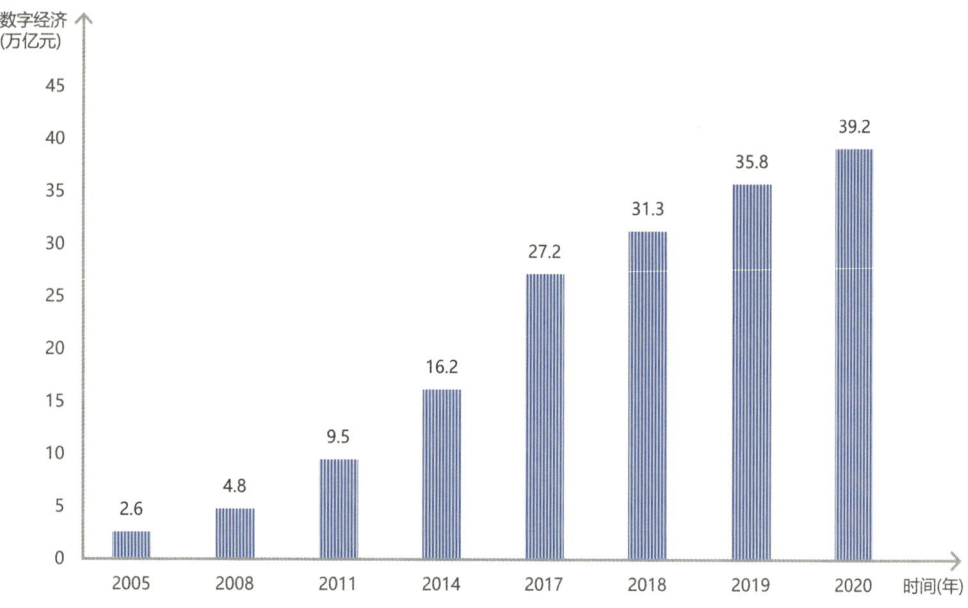

数据来源：中国信通院发布的《中国数字经济发展白皮书（2021）》

图 3-2　近年我国数字经济规模（单位：万亿元）

随着数字经济规模的不断扩张，数字经济与各领域发展日渐融合。其中，数字经济正加速向能源行业渗透，能源数字经济应运而生。预计到"十四五"末，能源数字经济占数字经济的比重将超过15%（于灏和陈睿欣，2021）。为顺应新经济形态，传统能源行业亟待在构建领先的能源数字经济发展体系、完善能源数字经济基础设施建设、加快推动能源互联网建设、共享开放利用能源数字资源等方面加速发力，能源技术发展和产业升级迫在眉睫。

数字经济的快速发展使得实体经济与数字经济高度融合，极大彰显出其强劲的经济拉动能力。数字化的浪潮使企业发展如逆水行舟，不进则退。

作为国民经济的重要支柱，电网企业紧跟浪潮，以建设"数字神经系统"智慧企业为目标，以数字化集成和信息快速流动为手段，优化管理层级，减少重复管理，颠覆传统的垂直型管理结构，推行数字化驱动的扁平管理结构，建立数据实时互动、多方参与、快速响应的协同管理模式，提升管理协同运行效率和整体管理效率。推进企业运行数据共享应用，把管理数字化运用到所有管理环节，打破"数字孤岛"、填平"数字鸿沟"，打通内部沟通渠道、搭建数字化运营架构，解决信息不对称和梯度递减问题，实现管理数据无缝隙衔接、无障碍流动、无边界共享，最大限度让数据多跑路，完整映射数字世界与物理世界，实现管理智能化，扩大管理幅度。

二、资源环境

1. 国际能源短缺日益凸显

世界的发展离不开资源的消耗。工业革命以来，人类粗放式地开发和利用自然资源，导致资源短缺、环境恶化、海洋酸化、地下水消耗等问题。在 2021 年 4 月世界气象组织（WMO）发布的《2020 年全球气候状况》报告中，几乎所有的关键指标都在强调，不断上升的陆地和海洋温度、不断累积的温室气体浓度正在深刻影响着人类、经济和社会的发展；如果不加以控制，世界将面临城市淹没、极端天气肆虐等不可逆转的危害。

气候问题成为当今世界最具弥散性、紧迫性和全球性的问题之一。[⊖] 为了共同应对全球气候变化，目前世界已有近两百个国家加入《巴黎协定》，该协定要求各国将全球平均气温上升幅度控制在远低于工业革命前的 2℃，并努力将目标限制到 1.5℃。要想实现这一目标，必须

⊖ 能源杂志. 面向全球 1.5 度温控时代的中美气候变化合作 [EB/OL].（2021-11-17）[2021-11-18]. https://mp.weixin.qq.com/s/mAGjFXVAaUc91xHMtsfe8Q.

在 2030 年前将二氧化碳排放量减少到 2010 年水平的 55%，并在 2050 年前将其削减至净零水平。㊀

针对《巴黎协定》的长期目标，全球逾 20 个国家已宣布要实现碳中和。碳中和是指在一段时间内，碳排放量和吸收量实现正负抵消，从而达到相对意义上的净零排放。我国更是承担起大国责任，习近平总书记在 2020 年 9 月第 75 届联合国大会一般性辩论上向世界做出庄严承诺："二氧化碳排放力争于 2030 年前达到峰值，努力争取 2060 年前实现碳中和"（简称"'双碳'目标"）。我国始终将生态文明建设作为治国理政的一部分，"双碳"目标的提出在加快我国绿色低碳发展的同时，对于推动全球各国提升自主贡献碳减排、加快全球控温目标进程也起到了关键的引领和带头作用。

2. 中国"双碳"转型势在必行

对于我国来说，实现"双碳"目标是一个雄心勃勃但极其艰难的过程。就目前能源状况来看，作为发展中大国，我国的化石能源碳排放量仍呈上升趋势；与发达国家相比，由于我国"双碳"进程起步较晚，人均累计碳排放量仍远低于发达国家水平，要用三十年的时间走完发达国家六七十年的"双碳"历程，同时还要兼顾经济稳步发展，实现"双碳"目标需要付出巨大的努力。

从能源消费结构来看，我国是化石能源消费大国，化石能源又是我国碳排放的主要来源。2020 年，三大化石能源，即煤炭、石油、天然气的碳排放量分别约占全国碳排放总量的 71%、15% 和 6%。㊁ 虽然已经意识到节能减排的重要性，但由于经济发展需要，我国煤炭消费量仍呈

㊀ 联合国政府间气候变化专门委员会（IPCC）发布的《全球 1.5℃增暖特别报告》。
㊁ 数据来自 Our world in data。

上升趋势，2020年煤炭占能源消费总量的57%；相比之下，水电、核电、风电等清洁能源消费量占比仅为16%㊀（见图3-3），距离实现"到2025年将非化石能源消费比重达到20%左右，到2030年将非化石能源消费比重达到25%左右"的目标仍任重道远。㊁

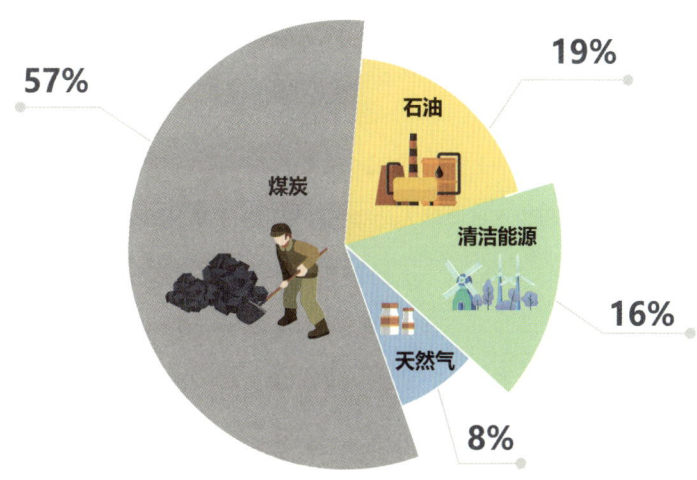

数据来源：国家统计局

图3-3　2020年我国一次能源消费结构

从人均累计碳排放情况来看，人均累计碳排放是指用一段时间内国家累计的碳排放总量除以国家人口总量，其与一个国家的发展程度有着密切的关系（见图3-4）。目前我国仍处于经济发展的上升阶段，人均碳排放量虽已超过全球平均水平，但人均累计碳排放量远远低于发达国家，也低于全球平均水平。我国作为发展中大国，节能减碳与稳定生产、保障民生之间的协同发展需求，意味着我国相比其他国家实现"双碳"目标将更为困难。

㊀ 国家统计局。
㊁ 国务院印发的《2030年前碳达峰行动方案》。

数据来源：丁仲礼院士《中国"碳中和"框架路线图研究》（2021 年中科院学部第七届学术年会）

图 3-4 世界主要经济体人均碳排放情况（单位：吨 CO_2/ 人）

作为经济社会发展的基本要素，能源行业贯穿全产业链，推动能源转型是实现"双碳"目标的必由之路，可再生能源成为零碳路径的首选项。根据国际可再生能源机构（IRENA）数据显示，到 2050 年，超过 90% 的零碳发展解决方案都将与可再生能源有关，同时 90% 的电力都将来自可再生能源（见图 3-5）。

数据来源：国际可再生能源机构

图 3-5 零碳发展的三大主要支柱

电网作为连接电力行业上下游的重要纽带，是能源转型的重要环节，也是电力部门节能减排的核心枢纽。我国国家能源局局长章建华表示：

"十四五"以至未来更长一段时期，我国将深入推进碳达峰、碳中和，构建以新能源为主体的新型电力系统。[一] 实现"双碳"目标，电网企业不但要保证自身节能减排，还面临确保电网安全运行、保障新能源大规模接入、满足电力负荷需求、经济可承受等多重考验，面临的形势严峻复杂。

在低碳清洁方面，能源转型势必伴随着大容量清洁能源发电的接入，输电能力需与新能源新增装机规模相匹配，这对电网企业新能源的消纳能力提出了新的要求，在技术上面临规模突破压力。在安全可靠方面，由于可再生能源具有随机性、波动性、间歇性等特点，既要实现对新能源的大规模有效消纳，又要降低新能源对大电网带来的不稳定冲击，电网安全稳定运行将迎来重大挑战。在经济效益方面，为适应新能源并网和消纳，电力系统要增加在"源—网—荷—储"各个环节的建设和运营成本，在保障能源安全、推动清洁低碳发展的同时，降低用能成本、确保经济效益，是电网企业在"双碳"目标路径中必须破解的难题。

自然资源、气候变化以及低碳发展的刚性约束日益增强，产业结构升级迫在眉睫，电网企业绿色转型进程按下加速键，加快绿色、低碳转型，将在很大程度上影响电网企业的未来发展。

三、技术变革

1. 数字化技术发展日新月异

5G 技术从导入期进入规模发展。传统的 3G（第三代移动通信技术）、4G（第四代移动通信技术）已实现数据的快速传输，但其速度与

[一] 国家能源局. 奋力谱写统筹电力发展和安全新篇章.[2021-06-30].http://www.nea.gov.cn/2021/06/30/c_1310035646.htm.

延迟已逐渐不能满足用户体验、社会效率提升的需求。当前，5G 技术与虚拟现实、人工智能等技术结合，大规模应用于工业、能源、文化、医疗、体育、教育等行业，提供智能制造、智慧能源、远程医疗诊断、虚拟现实赛事等新服务、新模式，有效改善了公共服务的用户体验，提升了公共服务效率。

1）区块链重新定义数字世界的信任机制。我们的出生证明、身份证、房产证等需要政府的背书才能得到社会承认，而区块链技术正在用代码构建一个低成本的信任方式。随着技术发展，区块链逐步应用于跨境支付、股权登记、公益捐赠、汽车租赁、智能合约、供应链溯源等金融、物流、公共服务等领域。

2）物联网改变世界的连接与感知方式。人与人、人与物之间的传统感知方式需要借助现实世界的接触，而依托物联网技术进步，网络、人、物之间可通过各类可能的网络接入数据，实现泛在连接与远程感知；我国物联网感知终端已经部署到水、电、煤气等市政设施领域，广泛用于智能交通、环境保护、公共安全、能源保障等领域；[一] 烟雾报警器、电子设备、车联网、自动售货机等物联网技术应用存在于社会生活的方方面面。

3）人工智能让机器与工具学会思考。以往大量基础性、重复性工作需要依赖人力操作与控制，随着人工智能技术不断发展，深度学习等方法使机器可以更好地模仿人类的行为，人工智能的实践应用逐步走进大众视野，无人驾驶汽车、人脸识别、机器翻译、智能客服等一系列人工智能产品使社会生活更加便捷、社会生产更加高效。

4）云技术与大数据提升数据生产力。数字化发展之前，受限于数据整合与分析能力，预测、决策等一系列数据应用无法发挥作用。云技

[一] 国家互联网信息办公室发布的《数字中国发展报告（2020 年）》。

术与大数据为数字化时代数据资源价值的挖掘提供了更加有力的工具，通过运用海量数据分析当下、预测未来，社会可以更好地分析经济发展趋势，企业可以更好地定位客户需求、制定长效发展战略。

新兴技术取得的诸多成果有力提升了我国的创新能力，世界知识产权组织发布的全球技术创新指数排名显示，我国排名已经从2015年的第29位提升至2020年的第14位（见图3-6）。

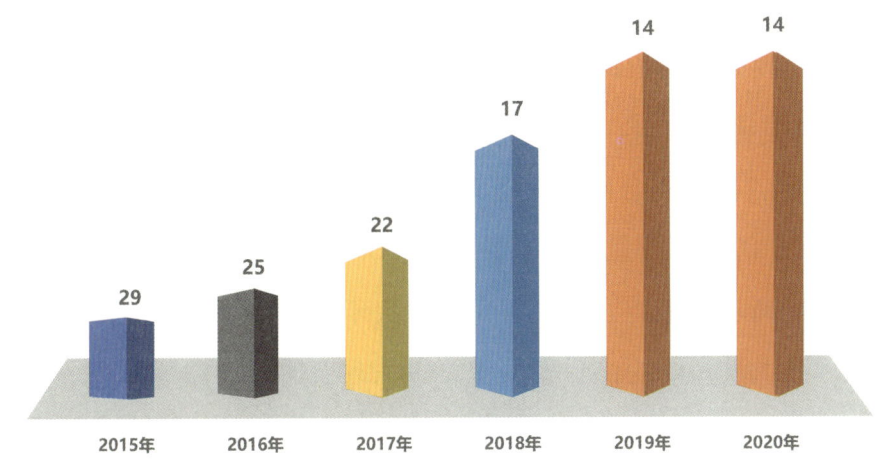

数据来源：世界知识产权组织

图3-6　我国技术创新指数全球排名变化情况（单位：名）

2. 数字化技术应用愈发成熟

习近平总书记在致2021年世界互联网大会乌镇峰会的贺信中指出，数字技术正以新理念、新业态、新模式全面融入人类经济、政治、文化、社会、生态文明建设各领域和全过程，给人类生产生活带来广泛而深刻的影响。可以看出，新兴技术与实体经济的融合正在为国家、城市与企业带来发展新机遇。

1）国家政府方面。在数字经济时代，各国政府纷纷推广政府服务的数字化建设，以美国、英国、丹麦、爱沙尼亚等为代表的发达国家是数字政府建设的典范。其中，爱沙尼亚这个人口仅有130万的东欧国家，长年在全球数字政府建设中排名前列，99%的爱沙尼亚人都在使用电子身份证，体验线上数字投票、数字报税、数字签名、数字户口等一系列服务，在线创办一家企业的时间只需不到5分钟。⊖《2020年联合国电子政务调查报告》显示：我国数字政府建设虽然起步较晚，但发展迅速，"电子政务发展指数"较两年前的排名提升20位，全球排名第45位，首次进入"政务发展指数非常高"国家组。

2）城市建设方面。随着人类社会进步，未来城市人口的承载负担将持续加剧。根据联合国数据统计，预计到2050年，全球城市人口总量将增加25亿人，智慧城市在数字化需求与技术进步的推动下逐步诞生，不仅提高了城市的宜居性，更是解决未来人类可持续发展问题的重要途径。各大城市纷纷出台相关政策，从政府层面推动城市数字经济的发展，以南京市为例：政府印发的《南京市数字经济发展三年行动计划（2020—2022年）》明确了南京市数字经济的发展思路、发展目标以及主要任务等事项，用"数据决策、数据服务、数据创新"建设数字孪生城市，以数据资源开放释放"数字红利"，实现民生服务智慧化、普惠化（见图3-7）。

3）企业发展方面。一方面，新兴技术助力新兴商业模式，以数字原生型企业为例：互联网、云计算、智能机器人等新兴技术推动了互联网电商、社交平台、数字金融、智能物流等新业态、新企业的蓬勃发展；另一方面，新兴技术升级传统商业模式，例如，医药行业通过智能手表获取消费者心率、日常作息等信息，定制疾病预防策略，推荐就医

⊖ 爱沙尼亚电子公民官网数据（https://e-estonia.com/）。

数字市民
- 全国网民规模达9.89亿人
- 城镇网民规模达6.80亿人
- 互联网政府服务用户规模达8.43亿人
- 国家政务服务平台注册用户数量超2亿人

数字政府
- 南京：数字孪生+数字红利
- 杭州：城市大脑
- 广州：城市智能体
- 上海：城市数字化转型

数字城市
- 物联网+城市感知系统
- 区块链+城市信用体系
- 大数据+城市运行新能源
- 人工智能+城市自我进化
- 移动互联网+城市服务势能

数据来源：《第48次中国互联网络发展状况统计报告》

图 3-7 数字城市示例

治疗方案；能源行业利用人工智能、大数据分析优化经营流程，提升能源从生产、运输、交易到消费的整体经营效率。根据波士顿咨询公司的数据显示，十年前全球市值排名前十的企业中仅有一家是科技企业，而如今科技企业却有七家。

技术变革为各行各业带来创新发展机遇，能源技术与新兴技术的融合是大势所趋，电网企业需顺势而行，利用技术创新重塑生产方式和运营模式，推动高质量发展。

四、行业发展

1. 市场化改革持续推进

"放开两头"的电力改革加速了电力交易的市场化进程，推动了电力市场化交易规模持续扩张。公开数据显示，国家电网公司2020年市场化交易电量达23152亿千瓦时，占总交易电量的48.2%（焦毅，

2021);同时,以"隔墙售电"为代表的电源、用户直连模式出现,加剧了电力市场化交易的竞争。

(1)电力改革加快市场化进程

从 2021 年开始,煤炭价格持续增高、经济迅速恢复等各类因素逐渐加剧了我国电力供需的不平衡,我国多地有序用电的情况增多。2021 年 10 月 12 日,国家发改委正式发布了《关于进一步深化燃煤发电上网电价市场化改革的通知》(发改价格〔2021〕1439 号),有序放开全部燃煤发电电量上网电价,取消工商业目录销售电价,标志着电力市场化改革又迈出了重要一步。

对于电网企业来说,非市场化供电由电网企业统购统销,电源侧的价格执行标杆上网电价,工商业等企业用户通过目录销售电价购电,价差空间是电网企业的盈利空间。随着改革深入,发电电量不断市场化,用户越来越多地与电源侧直接确定交易价格,电网只赚取核定的输配电费,对于电源与用户直连的分布式光伏等电力交易,甚至不存在输配电费。这一变化使电网收入更为清晰的同时,由购销差价带来的利润空间也越来越小,企业将面临日益严峻的市场竞争和企业内部降本增效的压力。

(2)"隔墙售电"模式加剧市场竞争

与集中式发电供电方式相比,分布式发电这一类将太阳能、风能等一系列可再生能源直接转换为电能的方式,具有减少电力损耗、节省输电费用以及减少对土地和空间资源占用的优点。2017 年 10 月 31 日,国家发改委、国家能源局联合发布《关于开展分布式发电市场化交易试点的通知》(发改能源〔2021〕1901 号),正式开启了对分布式市场的深入探索研究,"隔墙售电"模式应运而生。

"隔墙售电"模式允许分布式能源项目通过配电网将电力直接销售给周边的能源消费者,而不是必须通过电网连接电源与消费者。这一模式给电网经营带来了更大的挑战，它不仅赋予了能源消费者参与可持续发展的权利，也简化了电力从生产到消费的流程，省去了输配电的"过路费"，使电网企业不得不适应更为灵活的交易机制，促进企业向平台化服务的战略转型。

2. 新兴业务领域跨界竞争激烈

随着新兴技术和能源技术的融合，能源行业的市场化程度越来越高，新兴技术颠覆原有市场格局，越来越多的跨界企业凭借信息技术、资本运营、用户需求把控等各类优势，进入新能源行业，传统企业被这些跨界者降维打击，能源电力行业数字时代制高点争夺日益激烈。例如，2020年3月，宁德时代成立合资新能源公司，经营范围涵盖新能源技术、电池技术、停车场经营以及新能源汽车充换电设施建设运营等多方面；万达、万科等房地产商通过开展一系列商业综合体屋面光伏等项目，积极抢占分布式能源市场的同时，也为企业获得碳指标、进行碳交易做准备。

跨界竞争者入局新能源行业，为电网充电桩、分布式光伏、综合能源等新兴业务带来了强烈冲击。在保障输配电等电网主业高效、高质量发展的同时，利用自身优势，升级企业的经营模式，拓宽企业新能源业务与盈利方式，适应激烈的市场竞争是当前电网企业的重要发展方向。

在"双碳"目标、政府监管、市场竞争、央企责任等一系列压力下，电网企业作为公用事业单位，应在降低社会用能成本与电网高质量可持续发展之间保持平衡，也应在保障电网投资、建设和运营效率与防范电力安全风险之间保持平衡。

第二部分：实践篇

本部分在理论篇的基础上将财务数字化管理应用于实践。首先，在组织变革理论、技术变迁理论、内部控制理论、精益管理理论和价值管理理论的指导下构建了具有广泛适用性的财务数字化管理实施路径，包括理念先行、目标规划、原则确立、基础夯实和体系构建五大步骤。其次，从公司运营特征和财务数字化管理的发展历程两方面概述了国网江苏电力实施财务数字化的背景，并开展了必要性和可行性分析。最后，将通用的、标准化的财务数字化管理实施路径运用于国网江苏电力的应用实践，一是要营造财务数字化氛围，二是要确立财务数字化目标，三是要明确财务数字化原则，四是要夯实财务数字化基础，五是要从全面预算管理、电价电费管理、会计核算管理、资金管理、资本运营、资产管理、工程财务管理、财税管理、风险管理与稽核内控、财务队伍建设十大环节和模块持续强化能力和构建财务数字化体系。

第四章

财务数字化管理实施路径

一、理念先行

企业财务数字化管理的实施,必须坚持理念先行,夯实企业推行财务数字化管理的理念基础,做好组织、技术、管理和价值保障,为更好地推行企业财务数字化管理扫清理念障碍。具体而言,可以从如下几个方面进行思考。

1. 数智型组织变革

财务数字化管理的实施,不仅仅是数字化技术的应用,更重要的是要在引进数字化技术的基础上对企业组织形式进行再造与优化。通过合理的组织变革,构建与数字化技术应用相适应的数智型组织结构,以期为数字化技术的高效率应用提供良好的组织基础,更好地释放数字化技术的组织活力。

2. 前沿性技术引进

财务数字化管理的实现,不是传统意义上简单的财务电算化或信息化,而是深度和全面地应用大数据、人工智能、物联网等前沿数字化技术构建的全方位、系统性的数字化财务管理生态系统。高效实施财务数字化管理,必须紧跟数字化技术的发展趋势,积极引入前沿性数字化技术,以确保企业实施的财务数字化管理是兼具系统性、前瞻性和科技性的高效财务管理生态系统。

3. 高效能内部控制

数字化虽然具有高效率、低成本和精准化的特点,但数字化技术在应用过程中如果缺少严格的企业内部控制、规范,极容易存在信息安全隐患,进而对企业的运营安全乃至社会经济的稳定造成潜在的威胁。因此,在企业实施财务数字化管理变革时,必须制定安全、可靠和高效的内部控制制度,约束和引导数字化技术的应用,压实各方责任,确保企业在进行财务数字化管理变革之后,其财务信息、业务信息等各类信息的安全能够得到切实有效的保障。

4. 多维化精益管理

数字化技术具有高效率和低成本的特点,但这些特点的发挥需要借助高效的管理模式。因此,企业在实施数字化财务管理之前,应当对企业的管理模式进行相应的优化和完善,扎实推进多维化精益管理理念构建与模式升级,确保发现企业管理各环节管理思维上的"盲区"并疏通"意识堵点";在相关组织成员中形成完善的多维化精益管理思维,以保证数字化技术和手段的高效应用。

5. 全方位价值创造

财务数字化管理在帮助企业实现财务管理效率提升的同时,也应当着力创造更多的外溢价值，帮助企业各部门和其他业务模块提质增效，全方位地创造财务数字化管理的综合价值。财务数字化管理不仅要与企业各部门和业务模块之间形成协同、互助关系，还应当为企业外部的利益相关者提供更多的价值帮助。比如，企业财务数字化管理的理念设计，应当充分考虑是否有益于客户、供应商、政府部门，能否积极践行或促进企业承担更多的社会责任，是否有助于优化营商环境。

二、目标规划

企业在构建财务数字化管理体系之前，应当全面、系统地评估企业的运营情况，依据运营情况和拟引进的数字化技术动态调整企业的战略模式，使财务数字化和企业战略发展有机融合、相互支撑。在此基础上，需要结合企业战略设定恰当的财务数字化管理战略目标，以实现两者的高度协同与联动。为了实现上述目标，财务部门协同其他相关部门还需要规划和制定较为详细的财务数字化管理体系建设实施节点，并结合企业政策监管、战略发展、资金安全等需要，合理、稳步地推进财务数字化管理各目标节点的高效落实。

1. 分析企业运营现状

企业运营现状的分析是企业经营管理中的首要环节，企业的管理者只有真正了解自身现实的经营情况和所处的客观环境，才能更好地制定相应的财务数字化转型策略和实施方案，从而有效地运用财务数字化管理手段解决企业财务管理和运营管理中面临的问题，进一步提高企业全要素生产率和风险应对能力，为企业发展与未来成长充分赋能。

2. 调整企业战略实施路径

企业战略是指引企业当下和未来发展的重要"航舵"。企业任何管理技术和经营模式变革，都必须配套合适的企业战略实施路径，以更好地服务于企业的经营与发展。财务数字化管理模式变革，也必须适当调整企业战略模式，使得企业的战略模式与企业开展的财务数字化管理转型能够更好地契合，从而对企业的运营和管理形成支撑合力，避免产生财务数字化管理变革与企业战略的背离。

3. 确立财务数字化管理战略目标

财务数字化管理的全面实施，需要确立相应的战略目标。在企业经营和管理中，企业不仅要设定企业层面的宏观战略，还要在其进行的重要技术和管理模式变革上设定相应的战略目标，以期更好地推动相应的变革稳步落地。数字化技术具有丰富的内涵，财务数字化管理的实施程度和技术应用深度应视企业业务和发展的需要对应不同的层次。因此，明确企业财务数字化管理的战略目标，能够更好地把握企业财务数字化管理变革的实施深度和广度，这对于企业全口径资源配置具有重要的参考价值。

4. 规划财务数字化管理实施节点

数字化技术的应用和实施难以一蹴而就，企业财务管理从传统的电算化升级到全面数字化的过程，需要有条不紊地进行。实现财务数字化管理，除了设计相应的宏观方案和确立战略目标外，还应细致规划具体实施环节，才能保证财务数字化管理变革有效落地。因此，企业在进行财务数字化管理变革时应当理性规划各环节的实施节点，细化各节点的阶段目标，确定推进节奏，确保财务数字化管理变革最终成功应用与实践。

三、原则确立

1. 基本原则的确立

财务数字化管理体系建设，需要确立基本原则，以便于指导财务数字化转型的各类实践操作过程。基本原则的确立，需要考虑如下几个维度：第一，确立财务数字化管理体系建设的指导原则，明确总体方向；第二，制定财务数字化管理体系建设的管理办法，确保有章可依；第三，明确财务数字化转型的范围，明晰业务和流程的分界点。

2. 实施原则与企业战略契合

在财务数字化管理体系建设的实施原则确立后，要不断调整和优化实施原则，使其与企业战略相契合。财务管理作为企业日常经营管理的重要组成部分，对企业业务和战略应当形成强有力的支撑。财务数字化管理转型的重要目标之一，就是通过引入数字化新技术对财务流程和管控模式进行再造，使得财务管理的新体系能够对企业业务和战略发展形成更大的支撑和保障，赋能企业业务和战略发展。因此，作为企业战略实践的重要支撑，财务在制定和优化财务数字化管理的实施原则时，要始终服务于企业业务和战略发展的需要，保证企业财务数字化管理的实施原则与企业战略相契合，最大化发挥其赋能效应和价值，全面助力企业的战略发展，增强企业风险应对能力，进而推动企业高速成长和高质量可持续发展。

3. 实施原则与财务战略匹配

在财务数字化管理体系建设的实施原则确立时，不仅要确保该原则与企业战略相契合，更应该保证该原则与企业财务战略相匹配，增加财务赋能的效率和能力，实现财务系统的高效、高质量运行。具体来说，企业财务数字化管理体系建设的实施原则与企业财务战略的匹配度，可以从如下几个方面来考虑：第一，财务数字化管理体系建设的最终实现结果，是否有助于实现企业的财务战略；第二，财务数字化管理体系建设的实施原则，是否能够与企业财务战略发展形成良性互动，实现共赢并共同支撑企业战略和业务的高质量发展。

4. 实施原则与企业运营适应

财务数字化管理体系建设实施原则的确立，还应当做到与企业实际运营相适应。财务作为企业重要的业务单元，辅助和支撑企业运营是其重要作用之一。财务数字化管理体系建设的实施原则制定，要从有利于业务运营的角度出发，运用财务数字化管理赋能业务运营，让业务开展和管理更加便捷、高效和低成本，实现共赢，进而支撑业务运营实现长期稳定健康发展。

四、基础夯实

1. 夯实以财务大数据为中心的云信息存储与管理基础

企业在进行财务数字化管理体系变革或升级前，需要夯实以财务大数据为中心的云信息存储与管理基础。技术方面，企业应当积极引入先进的数字化技术及其应用，构建体系化的财务数字化管理硬件系统，打破技术障碍，扫清硬件壁垒，确保财务数字化管理能够依托相应的先进硬件系统展开；管理方面，企业应该主动对涉及财务数字化业务的人员进行数字化知识的系统性培训和继续教育，筑牢财务数字化管理的人才队伍根基，确保拥有充足的人力资源能够对引进的数字化技术进行熟练的应用与操作。

2. 打造以计算机数据建模和人工智能技术为核心的生态圈

企业在进行财务数字化管理变革或升级前，需要有效构建以计算机数据建模和人工智能技术为核心的生态圈，以保证财务数字化管理的效率并最大限度地发挥其价值。财务部门是企业信息流管理任务最繁重的部门之一，其管理的财务信息不仅对计量和评价当期业绩具有重要价值，更为企业未来经营管理的决策提供了重要的参考。财务数字化管理引入了海量信息，这要求财务部门必须要有足够条件去分析和管理这类信息。为了更好地分析与管理这类数据，企业应当积极打造以计算机数据建模和机器学习等人工智能技术为核心的生态圈，使得财务数字化管理引入的海量数据能够得到及时、高效的处理，避免数据积压造成信息资源浪费。

五、体系构建

1. 提升财务数字化多位一体的管理能力

财务数字化管理体系建设不是简单的数字化技术和先进的数字化设备的引入，而是要全面提升财务数字化多位一体的管理能力，实现财务管理流程多节点数字化、财务数字化多环节管理一体化的目的，进而形成财务数字化管理合力，为企业经营管理全方位提质增效提供强有力的支撑与保障。

2. 打造财务数字化全流程生态体系

财务数字化管理体系建设，不是某些流程的信息化和数字化，而是业财融合全流程的信息化和数字化，且这些数字化的流程能够相互支撑、兼容和协同，共同构筑财务数字化管理的全流程生态体系。在财务数字化生态体系下，企业能够以更快的速度交换信息，降低交易成本，减少运营中的摩擦，不断扩大企业边界，从而实现财务数字化全流程生态体系逐步取代传统财务生态体系，推动企业高质量发展。

第五章

国网江苏电力财务数字化管理实施背景

通过前文的案例分析,我们可以清晰地看出,不同企业的财务数字化管理都与企业特点与发展要求紧密相关。在深入剖析国网江苏电力的数字化实践之前,本章将从公司运营特征与发展历程两个方面介绍国网江苏电力的情况。

一、公司运营特征

国网江苏电力是国家电网有限公司系统规模最大的省级电网公司之一。现有13个市、58个县(市)供电分公司和15个业务单位,服务全省4650万电力客户,荣获"全国脱贫攻坚先进集体""国资委国有重点企业管理标杆创建行动标杆企业"称号。截至2021年,国网江苏电力拥有35千伏及以上变电站3300座、输电线路10.71万公里,初步形成以"一交三直"特高压混联电网为骨干网架、各级电网协调发展的坚强智能电网。创新构建大规模源网荷储友好互动系统,建立起我国特有的柔性精准控制负荷形成的"虚拟电厂"。2021年,江苏全社会用电量7101.2亿千瓦时,同比增长11.41%,售电量6193.54亿千瓦时,增长12.02%,全社会负荷"过亿"成为常态。国网江苏电力的客户满意率保持 99% 以上，供电质量全国第一，是年户均停电时间最少的省份之一。

近年来，公司坚持以习近平新时代中国特色社会主义思想为指导，坚定落实"四个革命、一个合作"能源安全新战略。聚焦服务"双碳"目标，围绕国家电网有限公司和省委省政府各项决策部署，以保障能源电力可靠供应为底线，以建设能源供应清洁化、能源消费电气化、能源配置智慧化、能源利用高效化、能源服务多元化"五化"率先引领的能源互联网为基础，加快推动以供给新体系、配置新格局、消费新形态、存储新模式、技术高水平、机制高效能"四新两高"为特征的江苏新型电力系统建设，努力将公司建设成为具有中国特色国际领先的能源互联网企业。

总体而言，国网江苏电力属于典型的资产规模大、服务分布广的公用事业单位；同时，作为关系国民经济命脉和国家能源安全、保障国民生活与社会稳定的重要力量，国网江苏电力也呈现出受政策影响强以及社会责任要求高等特点。

1. 集团财务管控统筹集中

企业发展的核心能力就是战略选择和战略执行能力。集团管控体系是支撑战略落地的有效工具，必须与集团的战略选择相匹配，从而确保战略的有效执行。管控模式一般分为资本管控、战略管控和运营管控三类（见图 5-1）。而财务管控是集团管控体系中最重要的组成部分，对于不同的集团财务管控模式，财务领域的管控侧重点与管控抓手的使用方式均有较大差异。

伴随着国企改革发展，集团财务管控体系建设工作有序推进，逐渐从基础的财务职能管控扩展至覆盖价值链的精益管控模式。为了适应企业公用事业单位特点，稳定支撑国家经济发展，可靠保障社会用电安全，从财务组织架构、资源配置管理、投融资决策、绩效考核管理4个方面分析来看，国网江苏电力更加强调上级组织对下级组织的统筹管理效率，财务管控侧重于运营管控，即总部对下属企业财务经营活动的统筹管理。

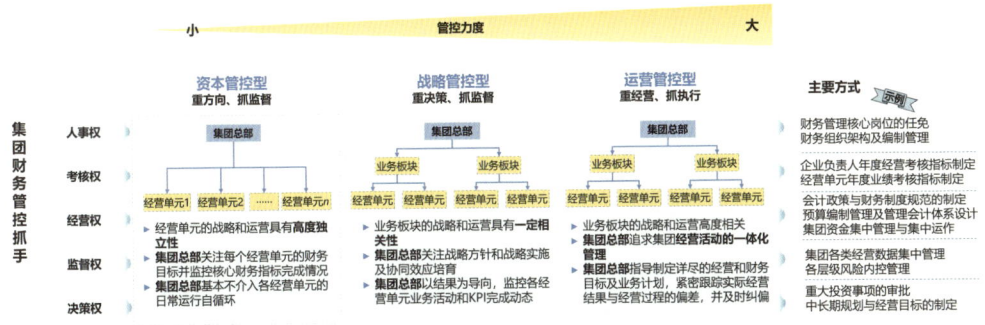

图 5-1　集团财务管控模式

1）财务组织架构垂直管理。国家电网公司通过设置财务部，垂直管理下属省级财务部门，省级财务部门进一步垂直管理市级财务部门，以此类推，管理工作由上级部门制定具体标准和工作规范并逐级下发，下级部门接收后遵照执行。

2）资源配置集中统筹管控。国网江苏电力统筹管理、统一调配资产、资金等各项资源，通过上级单位对下级单位投资预算与资金预算的全面、集中管控，确保资源投向重点领域与薄弱环节，协调企业的各项经营活动，保障高效灵活的电网发展。

3）投融资决策权集中管控。股权投资等资本投融资事项基本由国家电网公司统一决策与管理，省级、市级等下属单位在分级授权的机制下，具有相应的建议权和决策权。

4）绩效考核过程结果并重。国网江苏电力的绩效考核体系既包括利润总额、经济增加值等一系列经营结果指标，又注重各类治理完成率、监测合格率等经营过程指标，通过过程与结果并重满足各层级的管理需求。

2. 资产规模庞大、分布广阔

国网江苏电力服务 4600 余万各类用户，输电、变电、配电等大量的电力设备覆盖全省，拥有 35 千伏及以上变电站 3300 座、输电线路超 10 万公里。与其他行业相比，电网企业资产具有规模庞大、分布广阔的特点，这要求电网企业特别重视基建工程等电网投资与资产管理。

3. 企业经营受政策影响大

电力作为特殊商品，关系到经济发展、社会稳定与民生保障等诸多国家重点关注的问题，因而电网企业在诞生伊始，其经营管理就注定与国家及地方的各项政策紧密相关，是国家发挥宏观调控作用的重要工具。为了助力实体经济发展，国家通过输配电价改革、电价补贴政策直接影响电网的输配电定价水平，进而对企业经营产生影响。此外，国家"双碳"发展战略和绿色发展方针等清洁发展政策，也对电网企业的经营和发展提出了新的要求。能源清洁、低碳利用技术创新成为电网企业经营关注的焦点，电力行业也在清洁发展目标的驱动下，不断突出可再生能源在能源供应中的重要地位。在提高清洁能源应用的电力系统中，"源—网—荷—储"各个环节急剧变化，一方面，数字信息通信技术与物理系统的深度融合成为电网企业经营的关键趋势；另一方面，进一步加强电网互联，以数字化驱动绿色创新成为电网企业发展的新趋势。

4. 社会责任的履行要求高

国家电网公司作为责任央企，在经营和管理过程中始终坚持"人民电业为人民"的企业宗旨，以积极的态度切实履行社会责任。作为国民经济保障者、能源革命践行者以及美好生活服务者，国家电网公司在日常经营发展中，践行人民利益高于企业盈利的发展理念，全面落实"四个革命、一个合作"能源安全新战略，切实履行社会责任，积极发挥国有企业"六个力量"重要作用，在电力安全可靠供应、能源清洁低碳转型、服务经济社会发展中充分彰显责任担当。多年来，国家电网公司在履行社会责任上严格要求自身，在多个领域和方面积极践行社会责任。例如，国家电网公司多措并举保障电力安全可靠供应，积极应对自然灾害，推动能源清洁低碳转型，全面落实"双碳"行动方案，加快援疆援藏等重点工程建设，助力实现冬奥100%绿电供应，以及推动乡村电气化和帮扶工作。

二、财务数字化管理的发展历程

国网江苏电力财务信息化建设历程可以简单划为三个阶段，第一阶段是从20世纪90年代中期至2008年，自主开发建设财务管理信息系统（FMIS），先后经历了FMIS 1.0、FMIS 2.0和FMIS 3.0三个阶段；第二阶段是从2009年至2018年，为SG-ERP阶段，即以SAP软件为应用主体，辅助应用财务管控系统。第三阶段是从2018年至今，为数智化阶段。

1. 自主开发FMIS阶段（1995—2008年）

2000年以前，国网江苏电力自主开发FMIS 1.0，实现了财务网络环境下的财务核算和财务报表编制工作，全面实现财务电算化。

2000—2005年，国网江苏电力自主开发FMIS 2.0，实现了以财务管理为核心，体现全面预算管理理念。

2006—2008年，国网江苏电力自主开发FMIS 3.0，以集团资金管理为主线，以全面预算管理为核心，以集中核算为基础，总分公司信息合一、信息实时穿透与共享。初步探索实现企业财务业务一体化应用，构建了企业ERP的雏形。

2. SG-ERP阶段（2009—2018年）

随着企业业务的快速发展，企业集约化、精细化、扁平化管理的逐步深入，2009年国家电网公司提出实施人力资源、财务、物资集约化管理，构建大规划、大建设、大运行、大检修、大营销体系的管理体制（"三集五大"变革）。在这一背景下，国网江苏电力财务信息化建设进入SG-ERP阶段，确立了以SAP成熟套装软件为主体，辅助应用财务管控系统，以自主开发业务申请平台及全面预算管理平台为补充，业务财务高度融合的信息化建设方式和建设思路。

SG-ERP系统构建了"平台集中、业务融合、决策智能、安全适用"相融合的四维框架，作用于人财物资源的流动与转化，彻底打通了规划、建设、运行、检修、营销体系之间的联通节点，引导信息化建设嵌入集约化、精益化、标准化战略特点。

在SG-ERP阶段，通过建立企业级的信息化管理系统，实现业务标准与财务标准的有效衔接，实现业务财务一体化运作，达到业务流、资金流、信息流的高度统一。财务与人资、物资、项目、生产、营销、交易、经法、计划等业务模块和业务系统的高度集成，将企业各项作业过程和会计核算相融合，在业务流程完成的同时，自动生成会计凭证，前端业务凭证集成率超过99%；一键式生成各类报表，实现生产经营实时管控的目标。

3. 数智化阶段（2018年至今）

随着电力体制改革的不断深化，监管形势日益严峻，平台化、共享互联的企业发展需求不断增加。在这一背景下，2018年国网江苏电力进入财务数智化阶段，运用管理会计理论方法和大数据、人工智能、移动互联网、云计算、区块链等新技术，着力推动财务管理向数字化、智能化方向迈进，充分挖掘数据价值，对决策支持能力显著提升。

三、必要性分析

1. 财务数字化管理是对国家数字经济政策的响应

数字化战略变革是国有企业加快建设世界一流企业的重要战略路径，为国有企业服务国家战略、践行国家使命构筑了新的战略模式。国网江苏电力实施财务数字化管理，正是对国务院国资委于2020年发布的《关于加快推进国有企业数字化转型工作的通知》以及于2022年发布的《关于中央企业加快建设世界一流财务管理体系的指导意见》的积极响应，也是落实党中央、国务院关于打造数字经济新优势等决策部署的实际行动。

2. 财务数字化管理是电力行业发展的必经之路

电力行业作为能源领域的支柱性行业，是国家能源战略规划的重点关注对象。数字经济时代下，大数据成为企业通过数字化转型建立可持续竞争优势和挖掘潜在机会的重要引擎。只有通过财务数字化管理，电力行业才能够更好地理解商业环境和客户需求，以支撑企业战略愿景，响应"推动经济发展质量变革、效率变革、动力变革"的国家使命。

3. 财务数字化管理是财务提质增效的内在需求

财务数字化管理可以将企业财务信息进行整合、优化管理体系，既能够提高财务工作效率，又能够保证财务决策的正确性。此外，财务数字化转型使信息数据的共享性提高，财务信息的传递更高效、及时，进而有效地对企业投资决策进行监督管理，降低企业财务风险，提升财务质量。因此，企业若要实现财务的进一步提质增效，急需实行数字化变革，开展财务数字化管理。

四、可行性分析

1. 政策层面的可行性

《关于中央企业加快建设世界一流财务管理体系的指导意见》（简称《指导意见》）指出，"财务管理是企业管理的中心环节，是企业实现基业长青的重要基础和保障"。《指导意见》提出了"1455"框架，即围绕一个目标，推动四个变革，强化五项职能，完善五大体系，对推动国有企业提升财务管理水平工作提供了重要指导。国网江苏电力将持续紧跟政策指引，切实提升财务数字化管理水平。

2. 战略层面的可行性

国网江苏电力以笃行至善、精益求精的财务工作精神，围绕公司高质量发展的主题，坚定"两融三智型"财务管理战略⊖，以"数据＋技术"为核心，把专业工作精与服务战略强统一起来，把新技术应用好

⊖ "两融三智型"财务管理战略是指主动融入战略、融合业务，以数字化技术与财务管理深度融合为抓手，加快财务管理向智能型、智慧型、智囊型转变。

与参谋作用发挥好统一起来，紧扣标准规则集中管控、数据信息无纸传递、业务操作自动处理、管理应用智能智慧的主线，着力加强数字化技术应用、数智财务运营及数据产品研发，全面建成"财务中台＋智能应用"的智慧共享财务平台和智能前瞻的数智财务体系，赋能全面预算管理、电价电费管理、会计核算管理、资金管理、资本运营、资产管理、工程财务管理、财税管理、风险管理与稽核风控、财会队伍建设十项财务关键活动数智化转型，提升财务专业管理能力和服务支撑能力，有力支撑企业战略及服务于建设世界一流财务管理体系的目标。

3. 技术层面的可行性

国网江苏电力重点开展建立健全财务数据治理体系的建设任务，建立健全数据产生、采集、清洗、整合、分析和应用的全生命周期治理体系，完善数据标准、规则、组织、技术、模型，加强数据源端治理，提升数据质量，深化数据应用，激活数据价值，维护数据资产，强化数据安全，为财务数字化管理夯实技术基础。近年来，公司多项创新成果得到国家电网公司与行业内外的高度肯定，荣获"中国企业改革发展优秀成果""国家电网有限公司管理提升标杆项目""江苏省企业管理现代化创新成果"等奖项与荣誉。此外，财务数字化成果丰硕，为技术上深入推行财务数字化管理提供了客观基础。公司自主开发了资产租赁管控系统，资产租赁业务全面线上管理，科技成果应用转化收益 215 万元；在光伏结算、工程项目竣工决算等业务中实践应用财务机器人自动化流程，获"CGMA 2021 年度最佳机器人流程自动化实践"奖。

第六章

国网江苏电力财务数字化管理应用实践

一、营造财务数字化氛围

1. 构建财务数字化的组织基础

财务数字化的推进需要重新塑造原有的业务流程,进而促使组织结构变革,实现工作流程和效率的优化,最终提升组织的整体核心竞争力。为构建财务数字化的组织基础,国网江苏电力以智慧共享财务平台落地应用为抓手,通过制定分业务、分单位、分批次实施计划,深化业财信息融合,稳步推进智慧共享财务平台的建设和应用。例如,通过建设工程数字化管理平台,赋能工程全过程财务管理;通过搭建税务管理驾驶舱,推进发票电子化建设,优化税务申报模式以及着力推进税务风险防控,赋能智慧税务管理体系的建设。上述智慧平台的搭建和应用场景的拓宽,使得业务流程实现重构,组织结构得以重塑,为推动财务数字化管理的进程提供了保障。

2. 引入财务数字化的前沿技术

国网江苏电力加强数据安全前沿技术的研究应用。第一，研究应用联邦学习、隐私计算、动态脱敏等安全技术，实施数据加密、脱敏和防泄漏，提升数据安全感知、监测、追溯和控制能力，筑牢数据共享安全的基础；第二，探索引入机器学习技术，开启拥有财务数据质量监测规则的智能自主完善验证；强化数据自动校对与监控预警，自动出具数据质量报告，推动源端链路数据的整改治理，夯实数据应用基础；第三，立足基层实践，找准财务数字化小微攻坚方向，提高工作效率。优化新一代云 OCR 服务与 NLP（自然语言处理）智能文本分析服务，加快电子合同、电子发票、电子签章（签名）等数字化技术的应用。落实国家电网公司电子发票工作管理标准，深化公司发票电子化管理。

3. 打造财务数字化的内控体系

国网江苏电力着力推动稽核风控一体化运行，赋能全面风险的防范与应对。一是做好稽核风控功能的建设与应用。运用信息技术，推进关键流程、重点指标、校验要求等内控规则的线上部署应用，聚焦重点领域，用好客户、供应商风险信息，做实在线稽核与内控规则刚性约束。二是挖掘数据风险价值。对内外部数据进行全量扫描，识别异动数据，定位异常活动，智能评估风险级别，以提示、预警等方式，实现动态风险提示，确保风险可控在控。三是拓展往来款项数据的应用价值。在线动态维护民营企业、中小企业等属性标签，建立往来款项数据图谱，支撑民营企业清欠工作有效开展，规范合同执行，提升往来款项的精益化管理水平。

4. 强化财务数字化的精益管理

国网江苏电力立足于更好地使财务服务公司发展、服务业务运营，积极创新精益管理方式，加快财务管理转型提升，释放核心资源综合价值，最终强化财务数字化的精益管理。首先，国网江苏电力理顺14类业务标签，实现资源投放与战略目标紧密结合，进一步提升预算安排的针对性、有效性；强化预算执行管控，定期召开预算执行推进会，定向推送预算执行报表，印发通用问题答疑指南和按季度发布预算执行通报，进一步强化上下联通、横向协同，推动公司预算执行有进度、讲质量。其次，着力预算的精益配置，坚持必须必要、投资有效原则，预算投入向新型电力系统建设、自主科技创新、优质服务等方向倾斜，统筹安排业务预算，全力以赴保障公司的经营发展。国网江苏电力通过不断地发展财务数字化的精益管理模式，稳步推动财务数字化管理的精益管理思路和不同模块间的数字化精益协同工作。

5. 开展财务数字化的价值引导

财务是基于数据说话的，财务数字化管理下的经营决策系统能够提供相当量级的数据，在很多决策中能够快速、精准地调动数据以影响管理层决策，引导决策走向更加理性、优化的方向，进而提升企业效益，引导公司价值创造。国网江苏电力注重财务数字化的价值创造，公司多维精益管理从"精益反映"迈向"价值创造"，全面建成多维价值评价体系，深化企业级数字化价值图谱应用，促进业务管理与价值管理双向赋能，加速现有资产租赁管控系统的成果转化。最终，通过对价值创造的完整、科学评价，建立财务数字化价值创造导向。

二、确立财务数字化目标

1. 最大化支撑公司价值与企业战略

财务作为公司运营管理的中后台,需要辅助公司业务前台进行业务运营和管理,只有财务数字化才能从真正意义上实现对公司业务更有力的支撑,进一步与企业战略相契合后,才能深度推进业财融合,助力公司又好又快发展。因此,财务数字化的重要目标之一就是最大化支撑公司价值与企业战略。面对国内外环境日趋复杂、能源转型步伐加快、公司高质量发展任务艰巨等新形势,国家电网公司提出了"一体四翼"的发展布局。

"一体"是电网业务,通过加快电网形态、技术、功能、价值等方面的数字化升级,促进多能互补互济,充分发挥公司在保障能源安全、推动能源转型方面的引领带动作用。"四翼"是金融业务、国际业务、支撑产业和战略性新兴产业,旨在服务"一体"发展,通过支撑主导产业持续做强,促进电网生产运营和品质服务效率效益水平提升,推动电网数字化升级。

国网江苏电力充分认识到"一体四翼"的发展布局有利于公司更好地落实能源安全新战略、更好地适应外部环境变化、更好地推动江苏新型电力系统建设,通过制定适应发展布局的公司财务战略与具体实施方案,服务国家电网公司要求,推进自身高水平、高质量发展。

2. 最优化实现财务管理价值创造

在国家电网企业战略发展布局的基础上,国网江苏电力积极落实部署战略任务,构建财务领域"两融三智型"的管理战略,以数字化升级推动管理体系智慧化运作。

"两融"是财务全局性定位,包括贯彻落实国网江苏电力战略与保障国网江苏电力战略目标高质量落地的有机统一,实施价值增值管理与主动助力经营发展的有机统一。"三智型"是对财务专业数字化能力发展规律和方向定位:一是推进标准业务智能化,提高工作效率效果,解放管理"体力",聚焦更高价值管理;二是构建业务活动、经营数据的价值挖掘模型,在推进业务开展的同时,实施价值创造智慧管理,提升"脑力",助力国网江苏电力实现优秀经营业绩;三是在国网江苏电力经营业务可持续创造价值,有效管控经营风险、实现稳健发展等方面建言献策,努力发挥国网江苏电力发展的"智囊"作用。

为全面践行"两融三智型"的财务管理战略,公司坚持灵活高效、科学先进的财务管理手段,运用"大云物移智链"等新技术,以全业务运营自动化为基础、数据应用模型化为支撑,明确了"建成国内领先的战略财务管理体系、建成世界一流的战略财务管理体系、建成国际领先的战略财务管理体系"三大战略步骤。第一,建成国内领先的战略财务管理体系,实现业财标准规范统一,管控机制精准灵活,运营效率敏捷提速,改革监管主动适应,风险管控源头治理,信息反映多维立体。第二,建成世界一流的战略财务管理体系,实现数据贯通业财协同,投入产出精细评价,决策信息数字驱动,服务提供智能融合,资金资本科学布局,推动财务成为资源精准配置的统筹者、精益精细管控的践行者与风险合规运营的守护者。第三,建成国际领先的战略财务管理体系,实现营收规模、资产规模、经济效益均处于国际行业的领先地位,具备"资源共享化、业财一体化、管理精益化、运营智能化"的显著特征,推动财务成为公司价值管理的引领者、业财融合协作的推动者。

三、明确财务数字化原则

公司财务数字化转型遵照"四个坚持"原则:坚持实事求是、坚持统筹推进、坚持安全平稳和坚持有效激励。

1. 坚持实事求是

财务数字化管理总体呈现由局部到全局、由试点到推广、由内而外、由浅到深、由封闭到开放的趋势和特征,必须全面、准确评估企业当前的数字化水平与能力,依据企业能力框架,将财务数字化转型把控在企业可实现的范围之内,避免不切实际、难以实现的定位。结合数字化管理愿景,公司财务通过明确数字化转型的方向,分别制定短、中、长期具体的实施路线和执行计划,保证数字化管理的可落地性。

2. 坚持统筹推进

数字化能力的提升是一项系统性工程,必须坚持业务与财务统筹、上级与下级统筹、内部与外部资源统筹。作为数字化先行者,财务发挥着极为重要的作用:一是统筹业务数字化发展进程,推动企业整体数字化能力的提升;二是统筹公司数字化发展要求与下级单位数字化发展能力,保证数字化管理的科学性与灵活性;三是统筹利用内部与外部资源,提高资源的共享、复用能力,提升数字化能力的构建效率。

3. 坚持安全平稳

数字化管理实践的过程面临诸多不确定性因素,而财务往往涉及公司资金、资本、资产、人力等各类资源及其配置运作过程。作为关乎国计民生与社会稳定的电力企业，公司财务数字化管理坚持安全平稳的原则，以较小的压力、较合宜的转型速度推动开展数字化管理实践，降低实践过程为公司经营发展带来的风险隐患。

4. 坚持有效激励

变革与转型工作往往会遇到各方面阻力，将极大地阻碍数字化管理实践的进程，甚至错过时机导致无法达到预期的成效。公司财务坚持有效激励，将数字化转型纳入企业各层级的绩效考评中，鼓励跨部门、跨业务进行数字化转型场景的探索与组织合作，助力数字化企业文化的塑造，保障数字化转型工作的落地实施。

四、夯实财务数字化基础

国网江苏电力在财务数字化管理应用实践的过程中，对数据与技术产生了更加深刻的认识：数据为技术的深化发展提供了基础，是数字化管理的资源；技术是数据发挥价值作用的催化剂，是数字化发展的基础设施。二者既相互独立，又彼此统一、相辅相成、共同推进管理能力的重构升级。因此，公司锚定数据和技术两大新数字化基础，在信息化建设的基础上，通过夯实业财数据基础、打通数据链路，加快数字平台和新技术等基础设施建设，为财务数字化管理能力的升级奠定了坚实基础（见图6-1）。

数据方面，公司依托标准统一的业务、财务数据规范与全面线上化流程，通过各类自动、智能的数据服务，联通各部门、各专业的数据孤岛。在保障数据安全的前提下，推动公司数据的实时共享，为业财场景化决策提供有力支撑。

数据+技术"双轮驱动"

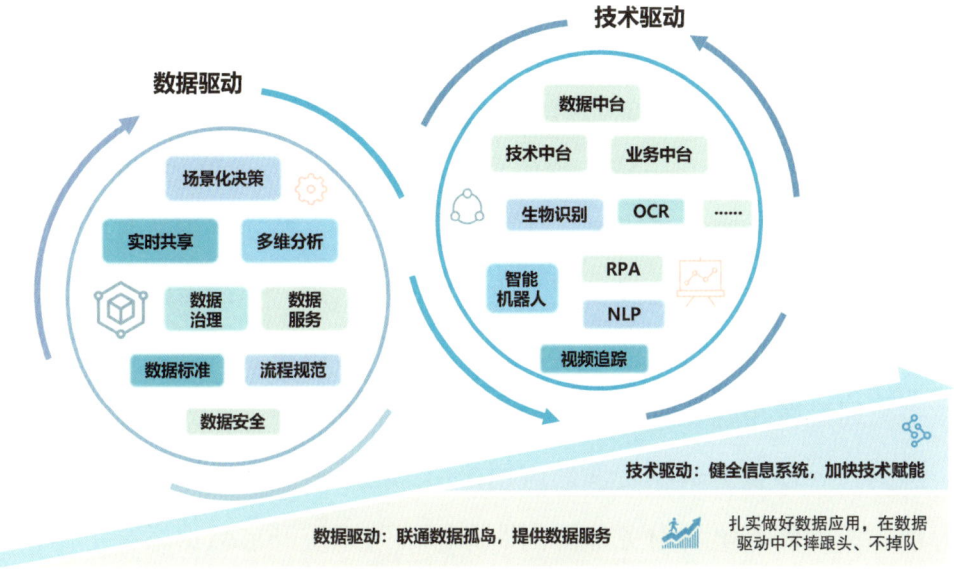

图 6-1 "数据 + 技术"财务数字化基础

图片参考:《战略财务 | 陈虎:新技术推动构建数字化财务体系》

技术方面,公司通过利用以中台、大数据、人工智能为代表的新技术,进一步完善公司的信息系统,夯实数字新基建,最大限度地减少人工交互,避免人为干预产生的疏漏,从而全面提升管理效率。

(一)夯实业财数据基础

2020 年 4 月,《中共中央国务院关于构建更加完善的要素市场化配置体制机制的意见》对外发布。数据作为一种新型生产要素,与土地、劳动力、资本、技术等传统要素相并列写入该文件中,在提高社会生产效率、实现智能管理、优化资源配置、培育新业态、激发新动能等方面具有巨大应用潜力,成为新时代数字经济发展的重要推手。

在此背景下,企业的经营管理势必关注数据,把海量的数据资源与数字化工具、手段、方法相融合,积极探索以"数据"引领企业发展、推动价值创造的新思路。作为记录企业经济活动、实现价值管理的核心部门，财务对内外部数据需求也将持续增长，推动数据边界不断扩展，更加注重科学合理的数据获取与利用，以契合数字经济时代企业的经营发展。

近年来，国网江苏电力财务部致力于夯实经营数据基础，沿着业务数据化—数据资产化—资产价值化的路径，建设企业级数据管理体系，充分释放数据能量。经过多年信息化系统建设，公司利用业务表单和在线信息流转等手段，已经实现了业务数据化管理。但简单的数据信息流转并不能实现业务数据的可复用、可分析、可改进，数据本身并没有真正与公司运营相融合。

为进一步提升数据资源的应用价值，推动数据资产化与资产价值化管理，国网江苏电力财务部协同业务部门跨系统开展数据融合工作，通过明确数据标准、制定数据规范、强化数据安全等举措，构建了高效的数据管理与共享机制，为数据的融合、共享、复用奠定了坚实基础（见图6-2）。

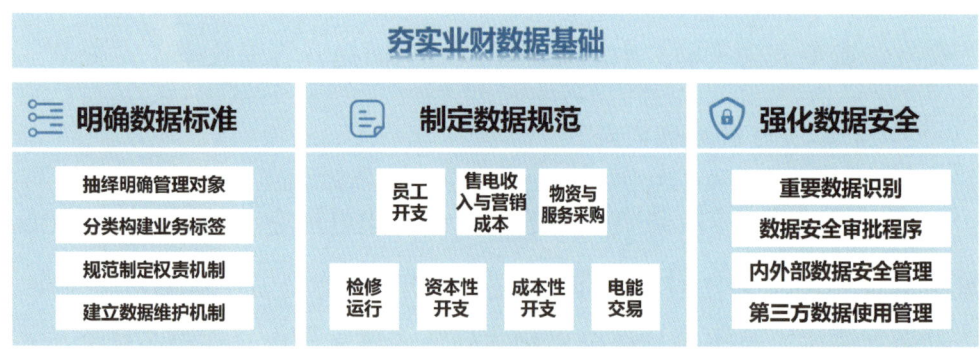

图6-2 夯实业财数据基础

1. 明确数据标准

国网江苏电力一直按照国家财经法规要求，主要依托会计科目反映各类业务的价值信息,公司规模大、业务广,随着外部监管和内部管理不断深化,现有方式逐步显现出分类核算不够精细、信息生成不够敏捷、拓展细化不够灵活、权责机制不够健全等问题,制约了业务数据与价值数据的融合贯通,难以有效支撑公司精益管理和数字化能力升级。

基于上述考虑,国网江苏电力在国家电网公司的统一部署下,联合各业务部门,率先开展多维精益管理变革,协调技术能力,开展数据标准重构,深度释放数据资产价值。在公司财务部门的积极推进下,财务、业务、技术部门达成了"共建、共享"的共识,围绕公司经营主线,梳理业务场景,对各类信息和表单元素进行解构和提炼。

以财务信息为"锚",从每一笔财务记录向前追溯到销售、生产、项目、设备、运营、人资等每一个业务场景;以业务主线为脉络,明确业务逻辑,对经济业务场景进行元素化解构,由每一个业务场景追溯至各类业务系统,再细化至系统内的各类单据,通过明确管理对象、构建业务标签,建立数据权责机制与维护机制,实现数据元素的规范表述、数据质量的有效监督。

(1)抽绎明确管理对象

公司通过研究相关基础理论,参考华为、谷歌等国内外企业的相关实践经验,结合公司数据管理的现状,从企业管理运营链条研究企业数据的产生规律。首先,企业要招聘员工,建立组织机构;其次,从供应商处采购设备等生产资料进行生产,形成产品或服务;最后,向客户交付,从而获取利润、创造价值,实现持续发展。

基于上述理论,公司财务部结合战略发展要求,考虑数据唯一性、数据准确性、系统稳定性等因素,将企业经营过程中价值创造的最小单元和资源消耗的最小单元归纳为6类管理对象:组织机构、员工、设备、客户、供应商与产品服务(见图6-3)。

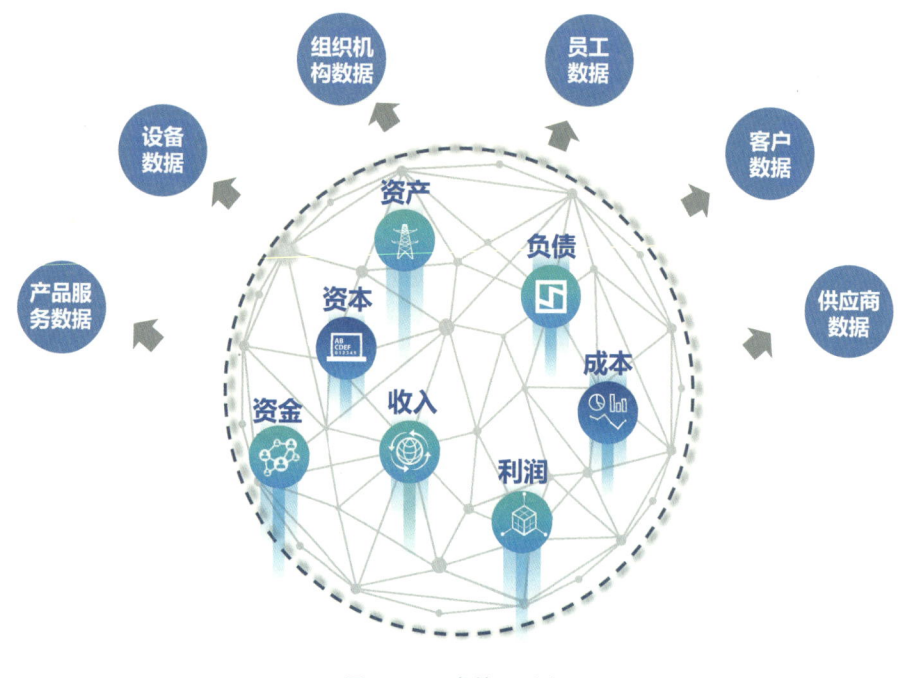

图 6-3 6 类管理对象

（2）分类构建业务标签

在建立 6 类管理对象后，公司遵照"内容精简、认知相同、血缘清晰、标准统一"四项原则，围绕各类管理对象的相关数据，融合业务分类标准，统一各业务部门对同一经济事项的业务分类口径，构建初始状态标签和交易过程标签两大类业务标签。其中，初始状态标签细分为公共属性与业务属性，公共属性是指能够唯一识别、客观描述管理对象的属性；业务属性是基于业务实际管理需要灵活设置及拓展的属性。

围绕组织机构管理对象，公司构建包括组织机构编码、组织机构名称、组织机构类型等公共属性和最新工商登记日期、法人代表、国家代码、注册地等业务属性的初始状态标签；构建包括业务活动、工单类型、项目分类等交易过程标签。

围绕员工管理对象，公司构建人员编码、人员姓名、性别等公共属性以及员工性质、用工形式、人员状态、部门等业务属性的初始状态标签；构建业务活动、专业细分两大类的交易过程标签。

围绕设备管理对象，公司构建设备编号、设备名称、设备分类、生产厂家等公共属性以及电压等级、资本化日期、资产性质等业务属性的初始状态标签；构建业务活动、专业细分、作业类型、电压等级、资产类别、合同类型等交易过程标签。

围绕客户管理对象，公司构建客户编码、客户名称、客户类型、身份证件类型等公共属性以及位置特征、用户状态、户龄、重要性等级等业务属性的初始状态标签；构建业务活动、项目分类、合同类型等交易过程标签。

围绕供应商管理对象，公司构建供应商编码、供应商全称、供应商类型、统一社会信用代码等公共属性以及公司介绍、招投标系统编号、注册审核单位、投标范围等业务属性的初始状态标签；构建工单类型、WBS架构、合同类型等交易过程标签。

围绕产品服务管理对象，公司针对监管业务产品服务构建产品服务编码、产品服务名称、产品服务类型等公共属性的初始状态标签，对非监管业务产品服务构建公共属性及销售区域、销售渠道等业务属性的初始状态标签；构建电压等级、设备类型、合同类型等交易过程标签。

（3）规范制定权责机制

为进一步实现数据标准的可靠运行，公司围绕管理对象与业务标签，针对类别不同、源头不同、体量不同的业务及财务数据，开展数据定源定责工作，推动数据资源目录、质量治理和共享应用等管理工作，落实管理责任，同源维护、整合复用。

公司基于数据和业务系统的分布关系，梳理分析数据与组织机构、职能岗位的责任关系，确定数据源的责任主体，明确各类数据的采集、存储、质量等管理要求；构建数据认责矩阵，强化数据源发布、在线管理、数据质量校验与数据变更运维；建立"一数一源，一源多用"的常态机制，确保从源头提升数据质量状况，实现数据源"在线发布、在线更新、在线应用"，并定期发布数据质量报告，常态推进数据源头治理。

（4）建立数据维护机制

公司通过运用一系列系统、科学的数据管理机制，根据组织机构、供应商、客户、员工、设备、产品服务这6类管理对象数据的管理差异性，构建了数据的创建机制、变更机制、引用机制和退出机制。

在创建机制方面，明确在源端系统内创建数据的发起对象、流程及时限，针对各业务部门调研中存在的特殊情况进行穷举式详细规范；在变更机制方面，明确各专业数据变革涉及的系统、功能模块、发起对象及变更流程；在引用机制方面，明确数据引用的接口方式及审批方式；在退出机制方面，明确数据撤销操作的发起对象、多系统数据间的撤销逻辑及流程。

2. 制定数据规范

虽然数据标准的制定统一了数据属性与各类管理机制，但在公司实际经营的过程中，数据贯穿于各类业财流程，仍需制定公司级业财共同行动的行为准则，以强化数据从录入到输出的全流程管控，加强数据的在线实时获取，避免"前清后乱"，实现业财数据的规范管理。

国网江苏电力在国家电网公司业财数据标准及管理规范基础上，细化制定了符合自身实际情况的业财流程管理章程，并将其固化为业财部门的行为准则；在此基础上，进一步细化到每一项业务的单个步骤层级，对每一项业务推进过程中产生数据的处理步骤、责任部门、输入信息、输出信息等内容进行了明确规范，厘清数据链路贯通规则。

围绕主要业务的数据流转环节，公司财务部门协同人资、营销、物资、法律、检修、设备、基建、信息等部门，制定了覆盖员工开支、售电收入与营销成本、物资与服务采购、检修运行、资本性开支、成本性开支以及电能交易7项主要电网业务的流程规范。

（1）员工开支

员工开支业务流程覆盖工资薪酬、福利费、差旅费、教育经费、工会经费、其他员工开支共6项主要业务。公司依托成本中心、项目等数据载体，细化员工各类开支数据按单位、部门等属性标签的归集方式，规范承载数据信息的计提申请单、报销申请单等业财单据的使用方式，重点解决工资薪酬、福利费等业财数据无法精准归集，以及差旅费、职工教育经费等业财数据难以按业务类型区分等问题。

员工开支业务实现了员工开支数据自动归集到末级部门，并按照成本大类、业务活动、人工福利薪酬等属性自动归集与反映，促进员工开支业务的多维精益管理。

（2）售电收入与营销成本

售电收入以电费发行、实收电费、营销退费等业务为重点，营销成本以项目化管理与非项目化管理为重点，通过规范从业务前端发行电费、生成终端用户收入营销凭证到业务后端财务审核凭证、集成财务管控系统凭证等环节数据的流转规则，明确了营销收入、成本数据按用户类别、电压等级等属性归集方式，重点解决电费收入、营销成本归集不够精细的问题。

售电收入与营销成本业务实现了营销精准服务需求与财务精益管理需求的衔接，建立起营销售电收入数据与营销成本数据之间的有机联系。

（3）物资与服务采购

物资与服务采购业务覆盖物资和运营费用类服务采购业务。通过规范物资出入库领用、运营费用类服务采购各环节数据的流转规则，重点解决采购成本数据无法按实际受益对象归集、结余物资处置不规范等问题。

物资与服务采购业务实现了采购业务的预付款、进度款、质保款等现金流预算数据的在线流转，强化公司物资服务与资金支付两个核心价值数据的合规管理与风险管控。

（4）检修运行

检修运行业务主要包括电网生产大修、日常检修运维和委托运行维护等业务。通过建立检修项目、工单与资产设备数据间的有效关系，串联从预算下达、大修工单创建、计划性检修运维工单创建至检修运行项目关闭的各个环节数据，重点解决检修运维开支数据无法按照业务活动、电压等级、资产类型等管理属性自动精准归集的问题。

检修运行业务实现了检修运行各环节跨专业价值数据与操作规范的全面覆盖，推动检修运行数据的全流程跟踪监控，促进检修运维业务开支的精益化管理。

（5）资本性开支

资本性开支业务主要覆盖基建、技改、辅助生产、信息化和营销等资本性项目。通过规范电网资本性项目的项目前期、项目立项、项目建设、竣工验收、工程暂估转资、工程结算、竣工决算 7 个环节的数据维护与流程操作，建立概算明细数据、标准 WBS 架构、物料编码、费用明细与资产设备间的有效关联，重点解决工程财务核算不够精细、工程成本数据不够精准、工程建设关键时间信息不够共享的问题。

资本性开支业务实现了电网资本性开支按实际工程量准确反映成本支出结构，为电网基建、生产技改工程竣工决算的自动生成提供了数据支撑，促进工程核算精益化管理和项目数据多维反映。

（6）成本性开支

成本性开支业务主要覆盖生产辅助大修、教育培训、研究开发、信息化、管理咨询等成本性项目。通过全面规范项目储备、立项、执行与核算各环节的跨专业价值数据与操作流程，重点解决各类成本性项目的数据链路断点、成本支出反映不够精准等问题。

成本性开支业务按项目类型和业务活动两个视角，综合量化反映成本支出结构、公司平均水平及各单位间差异，准确披露项目开支数据，促进成本性开支的精益管理。

（7）电能交易

电能交易业务主要包括跨区跨省电能交易和省内购电两类业务，包括电费结算、发票处理、成本核算、资金支付等业务环节。通过规范跨专业、跨系统数据采集和在线传递规则，重点解决不同类型电能交易业务数据管理规则不标准、不统一的问题。

电能交易业务实现了电力交易数据的细化反映、电源结构的多维度反映，为设计合理的电源结构、降低购电成本提供有效的数据支撑。

3. 强化数据安全

对于关系国民经济命脉的电网企业来说，数据资产的篡改、破坏、泄露以及非法获取、利用不仅会对企业造成不可挽回的经济损失和核心竞争力的缺失，也会对国家的长治久安产生负面影响。严格保证数据安全是进行一切数字化能力建设的前提条件和重中之重。

长期以来，国家电网公司严格贯彻国资委、公安部、能源局、国家电监会等部门的监审要求，从企业顶层指导企业各层级数据安全管理。

通过制定《国家电网公司网络与信息系统安全管理办法》等数据安全规章制度，将数据安全纳入数字化转型与公司安全生产管理体系中，落实安全责任、严肃安全运行纪律，确保公司数据与系统网络安全。2021年9月1日，《中华人民共和国数据安全法》（简称《数据安全法》）的出台，更是将数据安全提升到国家高度，推动企业进一步增强数据安全意识、提升风险防控能力。

结合国家电网公司要求，国网江苏电力财务部在已有数据安全管理的基础上，联合公司数字化部等部门，在数据库管理、上云管理、权限管理、重要数据分级管控、全生命周期数据安全防护等方面构建完善、系统、强大的防护机制和治理体系，进一步强化重要数据识别、数据安全审批程序、内外部合作单位和供应商的数据安全管理、社会第三方数据使用管理等数据安全工作。

（1）强化重要数据识别

公司的重要数据包括用户敏感数据、大数据信息以及其他一旦泄露会对国家安全、经济发展、社会公共利益及公司业务造成不良影响的数据。公司财务部联合各业务部门按照《国家电网公司保护商业秘密规定》的要求，结合本专业的大数据应用、专业领域需要重点保护的数据，分析梳理重要数据；通过建立包括数据内容、重要类别、使用对象、使用权限、时间期限、数据范围等的数据资源目录，同时考虑和识别海量大数据在挖掘、计算、分析后的重要性和保护要求，从而明确保护对象、强化重要数据识别。

（2）强化数据安全审批程序

对于不同的数据类型，公司建立了不同的安全备案和审批要求，主要包括商业秘密数据、用户敏感数据、跨专业共享数据及境内与跨境数据。

根据相关规章制度，商业秘密数据脱离本单位（含网络、信息系统及各种介质）环境时，须经省级及以上单位业务主管部门和保密部门审批，并按照公司相关保密制度要求，向数据接收方明示其保密义务，并要求数据接收方签订保密协议。

用户敏感数据的批量查询、导出等操作及转交第三方使用等行为须经省级单位业务部门及分管领导审核，并通过业务主管部门审批；对所收集的用户敏感数据应严格保密，不收集与所提供服务无关的敏感数据，不非法获取、使用和出售数据，防范数据泄露、丢失、篡改和损毁。

跨专业共享数据涉及公司商业秘密及重要数据，其采集、传输、分析和处理等行为须经数据源头部门或业务主管部门审批，并落实相关权限控制和脱敏、脱密措施；同时按照公司要求保障各级数字化部获取和使用数据需求，跨专业使用数据的业务部门、单位对所使用数据负主要安全责任。

境内与跨境数据根据国家要求进行保护。在我国境内收集和产生的数据应在境内存储，由境外产生并跨境传输至境内的数据，按照国家有关要求进行防护；因业务需要，确需向境外提供的数据，应当按照国家有关部门制定的办法进行安全评估，并经公司保密办与业务主管部门审批，视情况向国家有关部门报备。

（3）强化内外部合作单位和供应商的数据安全管理

公司通过签订合同、保密协议、保密承诺书等方式，加强内外部合作单位和供应商的数据安全管控，确保内部合作单位的开发测试环境与互联网物理隔离。同时严禁外部合作单位、技术支持单位和供应商在对互联网提供服务的网络和信息系统中存储或运行公司的商业秘密数据和重要数据，外部人员确需访问内部应用程序的，对允许访问人员实行专人全程陪同或监督，并登记备案。

（4）加强社会第三方数据使用管理

国网江苏电力对于涉及电网调度实时数据采集、处理和分析，电网控制指令产生、传输和执行全过程的装置，严格按照国家电力监控系统安全防护和信息系统等级保护要求进行安全防护，防止数据泄露或被非法利用，切实保障数据安全。

公司对于需要利用互联网企业渠道发布社会用户的业务信息，采用符合公司安全防护方案的数据交互方式，并经安全专家委审查和公司安全检测机构测评；未经公司批准禁止在互联网企业平台（包括第三方云平台）存储公司重要数据。

公司对于通过纸质、磁介质、光介质及半导体介质等各类物品形式提供给社会第三方的重要数据，经省级单位业务主管部门以及分管领导审核，并通过业务主管部门审批，严格限制数据知悉范围，与社会第三方签署数据安全保密协议，禁止私自复制、保存、打印相关数据。

（二）加快数字基础设施建设

2021年年初，国资委正式印发《关于加快推进国有企业数字化转型工作的通知》，就推动国有企业数字化转型做出全面部署。文件指出，要探索构建适应企业业务特点和发展需求的"数据中台""业务中台"等新型IT架构模式。

国家电网公司未雨绸缪，借鉴大型互联网公司的宝贵经验，于2019年正式部署企业中台建设工作，包括业务中台、数据中台与技术中台等（见图6-4）。国网江苏电力响应建设号召，积极参与相关工作，为建设过程建言献策，着力于提升自身的数字化服务能力。

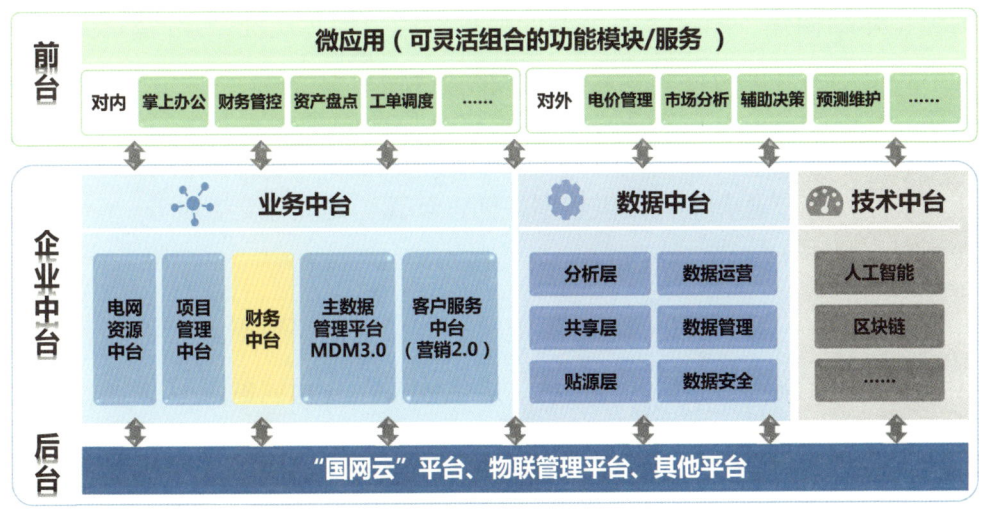

图 6-4　公司企业中台架构

1. 数据中台提供数据服务

数据中台是公司数据存储、计算的基础支撑平台。数据中台面向公司全局提供企业级数据服务，通过全面承载公司各类型业务的数据，实现对各类数据资源的全量纳管，为事务性和分析性业务提供高效可靠的数据存储、计算服务，拉近业务与数据之间的距离，推动数据业务化，沉淀共性数据服务能力；通过数据服务满足横向跨专业间、纵向不同层级间的数据共享、分析挖掘和融通需求，支撑内外部创新应用，助力公司数字化发展。数据中台的构建主要为了提升以下几种能力。

（1）数据资源纳管能力

数据中台是一套可持续的"让企业的数据用起来"的机制、一种战略选择和组织形式，也是依据企业特有的业务模式和组织架构，通过有形的产品和实施方法论支撑，构建一套持续不断把数据变成资产并服务于业务的机制。数据中台能够在业务层面和技术层面创造双层价值。数据中台通过适应性调整数据库的承载范围，可以对公司全量数据进行管理，对于结构化、非结构化、测量等各类型的数据资源,均实现统一接入数据中台;基于数据中台开展数据共享和应用,形成公司数据资产"一张图",提升数据查询能力和可视化分析能力,为业务部门提供在线事务性业务,为前端业务应用系统及业务中台提供数据存储、计算、处理等支撑服务。

(2)数据资源融合共享能力

数据中台主要通过强化数据质量,开展全链路数据监控治理,厘清数据资源的链路关系和质量状态,强化数据在公司内的共享贯通,沉淀高价值汇总数据和共性数据服务能力,统一编排各类数据分析服务,构建公司级数据分析服务体系,从而实现数据服务的共享应用。同时,通过信息模型向各业务系统延伸应用,从源头实现各专业数据的标准化和规范化;通过数据中台集成源端数据、运算逻辑,推动两级数据及服务贯通,在公司范围内实现数据横向、纵向贯通。

(3)数据资源创新应用能力

在满足了对公司数据资源的管理和共享之后,数据中台进一步深化。通过构建数据标签共享,推动数据标签在财务、设备、营销、项目管理等各业务领域的应用,为数据业务化提供手段和方式;面对公司业务人员、研发人员、基层人员等提供一站式数据资源在线分析工具,支持员工根据自身业务需要灵活创新构建数据服务,加强公司内部的价值分析和挖掘能力,提升业务质效;同时为公司外部提供多样化的数据服务,如为政府、电力用户、供应链企业等提供数据支撑,支持公司的数字生态建设。

公司以提升上述三大能力的数据中台为基础,进一步构建企业中台门户体系。聚焦用户视角,创新构建数据中台"三层、三大中心"的应用框架。建设"服务中心",实现数据资源便捷获取、业务服务共享公开、技术服务接口开放;建设"产品中心",推动成果共享、共用;建设"工具中心",支撑数据分析场景的快速构建和迭代(见图6-5)。

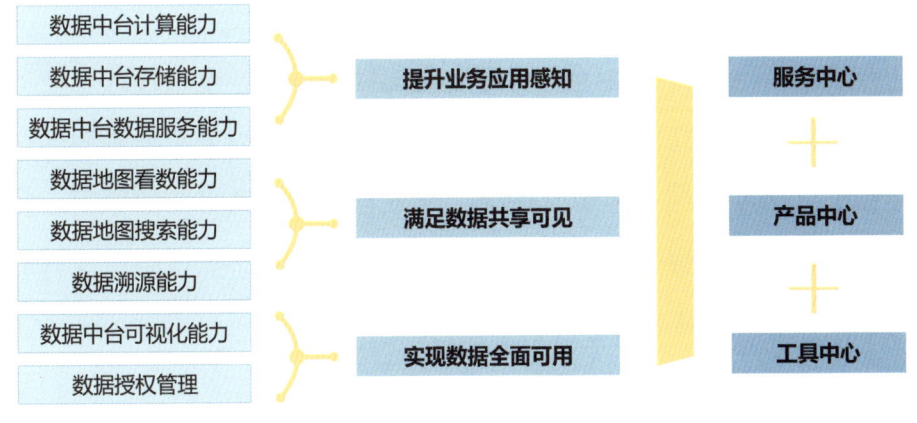

图 6-5　数据中台能力体系

同时，通过上线数据超市，促进数据应用生态圈的建立，开放各专业数据资源目录、接口服务、数据产品等，实现取数、用数、管数"全流程、一站式"便捷服务；通过数据集中归集和在线获取，提升数据共享效率；通过数据自主分析提升业务质效；通过快速迭代应用赋能业务创新。

2. 技术中台容纳技术工具

技术中台是企业级技术能力复用平台，通过对技术能力的持续沉淀，为企业数字化应用的快速建设提供"统一、易用、强健"的能力接口。对于数字化时代的电网企业，公司的技术中台构建将运用数字化新技术，持续提升基础公共服务能力，进一步完善数字化应用公共服务体系框架。技术中台的构建主要为了提升以下几种能力。

（1）电力时空公共服务能力

技术中台通过建设高可靠电力时空服务的基础设施，持续构建全空间、智能化、移动化的电网地理信息服务，完善时空服务的标准与质量体系，推进电力时空服务平台的建设，充分发挥基础平台的支撑作用，推动数字化业态创新，助力"电网一张图"的深化建设。

（2）全域视频公共服务能力

技术中台通过公司各类高度智能化的视频终端，全量接入全业务全场景视频，从而建立全域视频应用生态，聚焦公司视频数据资源的全面整合和价值深度挖掘，基于"标准、开放、智慧、共享"的原则，实现柔性网络各类形态视频终端的全覆盖接入、全网分布式视频图像智能协同、业务场景智慧认知与视频内容深度应用。

（3）移动互联公共服务能力

技术中台通过构建自助式移动开发测试体系及移动门户开发测试环境，对接业界主流社交、支付、电商等平台，积累移动端用户行为数据资产；遵循"门户＋微应用"的技术路线，建成能力完备、运营优质、流量集中、生态开放的新一代企业级智能化移动门户；以门户能力提升为坚实基础，以生态运营和业务融合为前进方向，支撑服务公司数字化管理和移动业务蓬勃有序发展。

（4）数字化技术服务能力

公司通过技术中台建设，将大数据、人工智能、物联网等新技术的应用作为实施财务资源战略的重要推动力，并逐步开展基于新技术的功能升级与管理应用，为持续构建数据资产化、提升经营管理效率、推进财务管理转型、推动价值创造提供了有力的技术支撑。

大数据是一种在获取、存储、管理、分析方面超出了传统数据软件工具能力范围的数据集合。公司通过利用大数据技术，对海量业财数据进行分布式数据挖掘，分析各类业务之间的动态关系。

人工智能是通过研究人类的智能，开发机器模拟、延伸和扩展人的智能的一系列技术。公司通过利用机器人、语言识别、图像识别、自然语言处理（NLP）和专家系统等人工智能相关技术，科学评价不同性质资源投入的效益、效率、效果，加强边界管控。

物联网是指通过各种信息传感器,实现对物品和过程的智能化感知、识别和管理的技术。公司正逐步探索利用物联网技术对互联网、无线网络进行融合,将物体的信息实时精准传送,推动基于实物感知的经营策略优化,构建对物品智能化识别、定位、跟踪、监控的管理网络。

同时,公司也在逐步探索其他数字化技术以及多种技术共同使用的应用场景,始终坚持灵活高效、先进的财务管理理念,使得财务信息化从传统的自动化向智能化迈进,全面推动业务数据化、数据业务化、数据应用模型化,支撑资源智慧调配,辅助企业智慧决策。

3. 业务中台承载关键业务

国家电网公司财务部主导研究建设的财务中台,是中台思想在财务领域的体现,也是业务中台模式在财务领域的落地实践。财务中台通过聚焦业务合规控制、通用财务处理、价值信息集中输出等应用需求,为核心财务工作提供共享服务。财务中台将公司财务工作的共性内容整合为共享服务,以应用服务的形式供各类前端应用调用,实现业务应用的快速构建,促进前台操作的灵活、轻量,确保财务管理工作稳定有序,支撑企业战略、财务价值生态的一体化落地。财务中台的构建主要为了提升以下几种能力。

(1)需求管理能力

需求管理直接面向各级用户,是财务中台运营的入口。财务中台通过建立需求管理模块,打造需求申请、需求分析、需求审批、需求分配、完工反馈等需求全环节的闭环管理能力,有效提升了企业内部的沟通效率,降低了沟通成本,实现了需求的科学合理管控。

(2)规则管控能力

依托数据标准与管理规范,财务中台以"发起即响应、操作即合规、处理即正确"为目标,提炼规则处理和数据处理的逻辑,并发布使规则生效的系统配置,可灵活调用支撑业务自动处理、数据自动校验、风险自动预警等功能。

(3)服务应用能力

财务中台面向用户与操作,将分散于各业务单位大量、重复的财务工作集中回收,将规则处理逻辑和数据读取逻辑统一封装为聚合服务(API,一个业务操作可调用一个或多个聚合服务),财务中台支持前台应用灵活调用,实现业务操作自动处理、数据同步沉淀,统一财务各专业的管理工具。目前,根据财务中台已经集中管理的数据与规则,结合流程操作,初步打造面向前台应用的聚合服务。

(4)运营管理能力

财务中台以数字化能力为核心,基于规则、服务、场景等要素的集中管理,深化业财一体化运营能力,打造企业级财务虚拟共享的技术基础,实现资源的在线共享,面向更多用户、覆盖更多场景、汇聚更多资源,推动各类业务场景规则与服务生效节点的全景可视化展示。

(三)搭建智慧共享财务运营平台

国网江苏电力整合近年来投入产出"三本账"、最小经营单元价值共享等场景建设成果,充分利用数据中台等基础设施,全力打造充分融合、高度共享、先进智能的智慧共享财务运营平台。

智慧共享财务运营平台以数据中台为源,基于先进的数据挖掘和计算技术,高效完成海量数据的并行处理和智能分析。面向宏观决策、中观管理、微观应用等不同层次的价值评价,以可视化方式敏捷输出数据分析结果,形成状态反映、对比分析、决策支持、预测研判等多类数据应用场景,实现平台化的公司经营价值评价。通过嵌入式应用的方式,基于 PC 端、大屏端、移动端打造"一源三端"灵活互动的场景输出方式,满足"内外上下"各层次管理者的数据需求。通过动态呈现每一个环节的成本投入、每一项业务资源的消耗情况、每一个最小单元的价值贡献、每一个价值洼地和低效环节,推动各业务条线、各层级组织全面应用、智慧决策、精益运营、精准发力,实现财务职能从"规则处理型"向"数据分析型、决策支持型、管理精益型"转变,驱动管理变革(见图 6-6、图 6-7、图 6-8)。

在全局总览专区,构建业绩考核、同业对标、月度分析、多维专报、专项任务五大场景。面向管理层,支撑管理层掌握公司全局经营动态、绩效水平、核心指标及变动趋势,自动出具经营月度报告,服务评价决策。

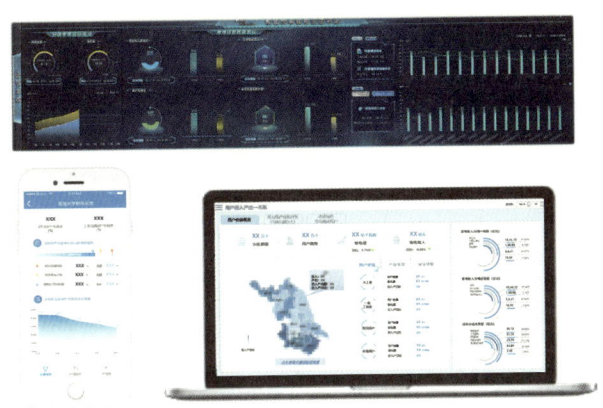

图 6-6 "一源三端"场景输出(从上到下、从左到右依次为大屏端、移动端、PC 端)

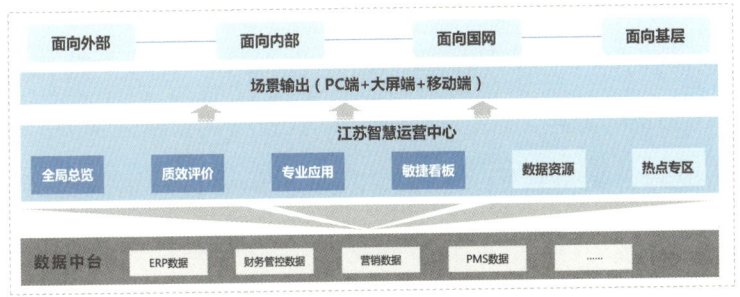

图 6-7 一站式数据自助应用服务

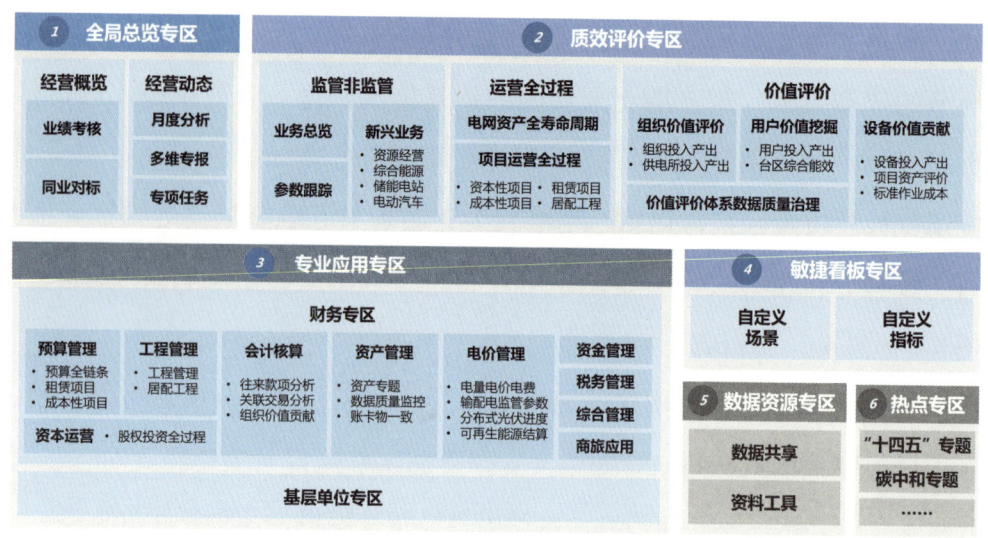

图6-8 平台各专区应用整体架构

在质效评价专区，构建监管非监管、运营全过程、价值评价等场景。围绕公司主业，多视角评价公司的投入产出，动态反映公司运营全过程；围绕新兴业务，综合反映新兴业务的市场情况、社会贡献等。

在专业应用专区，构建财务专区和基层单位专区场景。围绕财务各专业，设计预算管理、资金管理、资产管理等专业应用场景，支撑各专业数据横向融合共享，挖掘数据潜力；围绕基层单位，设计各单位个性化场景应用，支撑各层级单位经营评价，激发基层创新活力。

在敏捷看板专区，根据不同应用人员，提供场景收藏、常用指标快捷查询等功能。

在数据资源专区，提供自助数据分析工具，满足个性化分析需求。依据业财数据分析成果，提供各类数据交互共享模板，如跨专业交互数据、管理通报等，支持自定义模板，实现价值评价的定制化、自动化。

在热点专区，结合当前时事热点，展示前瞻性研究成果。如针对"十四五""碳中和"等进行专项分析评价。

基于数据中台的智慧共享财务运营平台的以上专区应用，国网江苏电力业务数据和财务数据进行了互联互通和有机融合，为常态开展多层次、多领域、多场景的业财共同行动提供了坚实的数字化基础，实现"让数据用起来、活起来"。

五、构建财务数字化体系

1. 全面预算管理

> **应用一　推进战略预算管理体系建设，有效提升管理效率效能**

国网江苏电力坚持"夯实基础、深化创新、提升能力"的基调，围绕"两融三智型"推进战略预算管理体系建设，有效提升管理效率效能，以充分发挥全面预算在公司经营中的价值引领和综合平衡作用。

一是推进战略预算平台建设，支撑管理数智化转型。一方面以中台资源为基础，重点衔接作业标准成本、资产管理，加强预算在线智慧评审、预算全链条跟踪、预算在线稽核等方面的建设，有效提升管理效能；另一方面强化预算大数据潜力的挖掘，深入开展预算效能评估，强化与可研比对、与标准比对、与同业比对，加强预算资源安排的统筹性、精准性。

二是强化预算与业务的在线联动，提高经营洞察反映能力。一方面通过线上部署多维联动预测模型动态跟踪经营情况，推进主要经营指标测算和敏感性分析，及时反映前端变化，适时适度预调预控；另一方面组织各单位定期开展经营情况分析，提出经营策略优化建议，推动经营预测更加精准、经营管控更加高效。

三是建立健全预算管理机制，规范提升管理质效。首先，建立预算联合在线会审机制，协同业务部门、监督部门做实预算需求评审工作，确保预算投入精益精准；其次，建立智能化预调预控机制，落实重大预算偏差报告制度，规范预算调整程序，保持指标运行在合理区间；最后，建立分析通报机制，借助智能化分析看板，深化经营财务分析、预算执行分析，强化监督指导。

> **应用二　搭建内部模拟市场体系，激发创效内生动力**

公司下属的物资公司、电科院等业务支撑机构对各级供电主体提供的服务，大多为无偿服务，在传统管理模式下无法衡量其在组织内部的价值贡献。为此，公司引入模拟市场化经营管理模式，通过搭建内部模拟市场（简称"内模市场"）结算平台，划小内部经营单元，针对各层级、各类内部模拟市场主体，分别开展价值贡献评价，激励提质增效。

一是明确模拟核算主体。沿价值传导路径，将公司各级非法人性质的核算主体（包括供电分公司、业务支撑机构、供电所、班组等）纳入内部模拟市场，以省考核市、市考核县为主分级运行，实现主体全覆盖、考核可拓展。

二是开展全业务在线量化结算。根据各级业务支撑机构为其他主体提供的产品、服务内容，建立内部业务体系，测定内部业务价格，按照"谁使用、谁承担"的原则制定内部业务结算规则，在线开展内部业务模拟结算，计算业务支撑机构、市县供电分公司的内部模拟收支和利润；运用价值传导体系输出的客户投入产出值，结合"客户—台区[一]—供电所"的关联关系，逆向汇聚计算供电所的价值贡献。

三是依托数字化软件开展内部模拟市场评价。综合公司当年预算、业绩考核目标，制定各主体的内部模拟利润目标，并拓展设立目标完成、效益贡献、单位效益三大类评价指标，具体包含内部模拟利润目标完成率、内部模拟利润增长率、内部模拟利润贡献度、内部模拟利润行业贡献度、人均内部模拟利润、万元资产内部模拟利润。

[一] 通常是指一台变压器的供电范围或区域。

四是建立内部激励约束，引入业绩考核体制。将内部模拟利润与绩效考核机制挂钩，使增收创效的压力传导至生产经营末端，实现考核全覆盖，将提质增效行动与每一位员工的个人利益紧密相连。让"人人都成为经营者"，有效激发基层员工发展创新活力，驱动考核激励机制优化，赋能组织自我驱动、自我创新，推动组织全面提质增效。

> 应用三　开展基于大数据的标准作业成本应用，促进成本资源精准管理

标准成本建设是近年来国家电网公司持续推进的工作之一，可为电网检修运维支出、其他运营费用的预算编制以及执行分析提供重要参考，以促进财力资源的科学合理配置。国网江苏电力以国家电网公司统一发布的"电网生产运营作业成本标准"为基础，积极构建本地化的标准成本管理体系，实现作业成本预算的零基编制、自动分解和明细下达，并通过细化拓展多项应用场景，全面提高运检成本支出的效率和效益。

（1）构建本地化标准作业成本体系

一是针对变电检修、变电运维、输电运检、配电检修等生产运营活动，结合江苏本地的生产作业情况，挑选出适用的设备作业库，并根据本地作业实际情况进行增补。

二是以国家电网公司的设备作业定额为基础，根据国网江苏电力检修业务规程、工艺流程的实际情况，综合考虑不同地区间的地域差异、气候因素、地形差异历史业务行为等，对单项作业的材料、人工、机械台班消耗量定额进行更新；考虑物料、人工及机械台班的单价，确定每个作业的单价标准；再经相关专业领域的专家人才整体复核校对，确定单项作业成本标准。

三是参考国家电网公司的检修运维规程要求及江苏本地的实际业务发生情况，梳理作业频次。根据设备需要用到的装置性材料及年度平均

更换频次对"国网标准"进行完善，形成本地装材清单。

四是结合作业单价、作业频次、每类设备的装置性材料耗用量及使用频次，构建一系列数据模型，开展回归分析、差异分析，让数据"开口说话"，得出相关作业成本标准的细化调整系数。通过将"国网标准"与"本地调整系数"进行有机融合和打包应用，形成"典型作业"颗粒度的各专业检修运维成本标准，使得国家电网公司下发的标准作业成本能够"因地制宜"地适用于公司运检活动的财力资源配置中。

在制定好本地化标准作业成本后，将相应成果植入系统固化，在全省范围内实现标准作业成本的线上应用，并据此开展更丰富的分析应用。

（2）拓展细化场景应用

场景应用1：基于实际成本比较开展优化调整

规范项目、工作任务单、检修工单、工作票、业务结算单等成本费用载体的使用，提高成本直接归集的精度和智能化水平；结合业务特点分类制定成本分摊规则，提高共性成本分摊的科学性、合理性，从而将实际成本全量、精益地归集到设备、作业等成本对象上。

在此基础上，利用标准成本库，结合作业频次、工时、耗材、机械台班等信息，计算成本对象发生的标准成本，并与实际成本进行比较，细化揭示二者差异。对于存在较大偏差的情况，结合检修方式、供电可靠性要求和市场波动等因素，全面分析偏差原因，进而采取相应的管理行动。

若因标准成本体系对某些客观存在的业务动因考虑不周而导致偏差，则及时制定修偏系数，对成本标准进行适当调整，以保证体系的科学性和持续发挥指导作用；若因实际成本耗用明显不合理而导致偏差，则自动向责任成本中心反馈差异情况，敦促其优化资源配置、调整成本投入的方式方向、加强作业过程的成本管控。

场景应用 2：优化自营外包决策

通过成本分析工具自动化比较单项作业的自营标准成本与外包成本的差异，辅助自营、外包决策，为人员配置和自营、外包业务规模的优化调整提供支撑。

对于选择外包类资源配置方式的，基于典型作业和标准成本的合理区间，解构外包业务成本，优化外包业务采购的传统总包定额计价模式和市场化工程量清单计价模式；同时，结合外包人员数量开展投入产出评估，根据评估结果动态调整外包人员需求，提高资源利用效益。

场景应用 3：构建典型项目辅助资源配置

以典型作业为基础，将典型作业及常规工作量在项目层面进行汇聚，构建"典型项目"，基于典型项目与标准作业目录的映射关系，分专业构建典型项目库；再结合构成项目的具体典型作业的标准成本，形成典型项目成本，以此作为项目造价评审依据，提升资源配置可行性评审的经济性、科学性和精准性。

> **应用四 构建全口径财力资源配置管理模块，实现全面预算统筹管理**

为实现需求与资源配置能力的对接和统筹，国网江苏电力利用数字化手段构建全口径财力资源配置管理模块，落实项目储备管理机制，对于重点领域的资源配置需求实施项目储备管理。

模块应用将以项目为载体的各类资源配置行为进行数字化聚合，实现横向覆盖各部门，纵向贯穿省、市、县的整体资源配置线上管理。一是对涉及财务、生产、营销、调度、后勤等多专业系统的资源配置流程操作进行归集整合，设置项目录入、项目储备、项目发布和专业管理四大环节；二是针对不同专业的管理需求，对相关流程、信息和管理规范进行数字化编译和系统逻辑严控，保证资源配置质量，实现操作标准化、流程在线化和信息共享化（见图 6-9）。

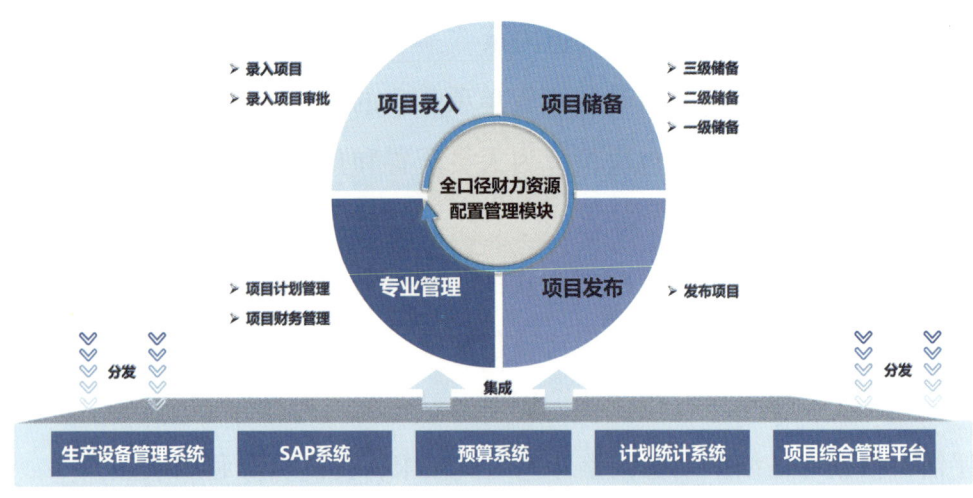

图 6-9　全口径财力资源配置管理模块

（1）项目录入

项目批量录入和一站式审批。在项目信息录入方面，不仅包含各专业项目的基本信息，还包括项目可行性研究报告、设计图纸、现场图片、被改造（更换、修理）设备状况等信息，为项目储备阶段的各级审核提供了一站式查询的便利条件。同时，基于系统固化的校验规则对项目开展初步的规范性审核，自动识别并阻止不符合规范性要求的项目，例如项目类别与预算科目不匹配、项目命名规则不规范等，以避免无效或不合规配置。

（2）项目储备

项目储备全程在线和智能审核流转。在已录入项目的基础上，按照动态储备、滚动递补、集中安排原则，实行"市县公司储备—省公司部室专业储备—省公司储备"纵横协同的三级项目储备库。具体如下：

市县公司项目单位的需求部门或班组根据省公司专业部门的要求，结合生产经营实际发起项目储备。项目单位编制可行性研究报告（或项目建议书），提出评级和排序建议，并根据三级储备的要求审核后进入三级项目储备库。三级项目储备库的项目流转至省公司部门进行审查和评价，经过专业部门审批后完成二级项目储备库的入库工作。省公司财务部和发展部依据国家电网公司的战略导向和对标要求，综合审查二级储备项目，完成一级项目储备库的入库工作，同时报国家电网公司的专业部门审定，纳入国家电网公司储备库（见图 6-10）。

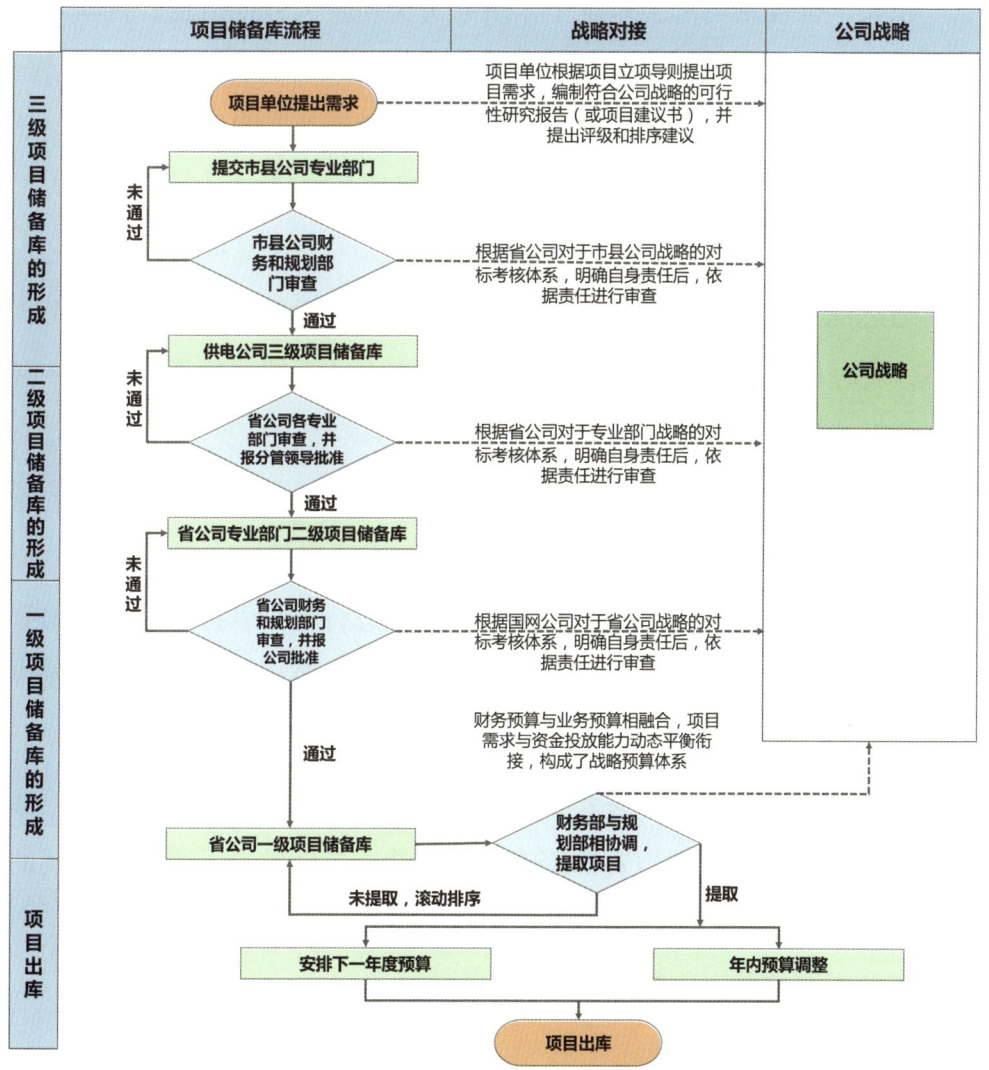

图 6-10 "三级项目储备库"项目储备管理流程

上述三级储备过程中融合了业务、财务的双向审核。在业务审核方面，各专业、部门明确自身责任，根据自身战略及资源配置需要对相关项目自行开展审核。在财务审核方面，坚持"效益优先、合法合规"原则，结合电网生产经营特点及财税制度规定，从项目必要性、可行性、完整性、合规性和经济性等方面，明确项目投资的划分标准，分类制定十三大类项目的财务审核规则。

相关审核规则内嵌至系统中，结合历史项目大数据信息，自动开展项目筛选，形成财务初审结果，并结合各层级专业专家意见开展复评。通过纵横协同的逐级审核流程，项目按照轻重缓急匹配投资能力，以此进行优选，最终形成符合公司战略的高质量储备项目。

（3）项目发布

通过储备流程实现了对项目的全面审核和科学筛选后，项目被正式发布，管理模块将相关项目信息自动推送至专业系统、项目储备库、财务管理系统等。

（4）专业管理

全口径财力资源配置管理模块与ERP无缝对接，全景展现财力资源投入的全过程情况，支持对已发布的项目进行计划管控和财务支出管控，支撑项目全生命周期管理，使企业对财力资源配置的管理不再仅仅关注于完成"投入"，而是增加了对投入后实施情况的实时监控，为财力资源配置的跟踪评价提供了强有力的数字支撑。

通过应用全口径财力资源配置管理模块，有效整合了多专业系统的财力资源管理功能，显著提升了项目资金的配置效率，全面提升了企业财力资源配置的数字化管理能力。

2. 电价电费管理

> **应用一　构建数字化输配电价测算体系，保持输配电价平稳**

国网江苏电力围绕"一个核心、两条主线"（以保持输配电价平稳为核心，以服务电力保供、服务新型电力系统建设为主线），推进电价电费数字化管理，保持输配电价平稳。

一是深化新型电力系统成本特性、传导路径研究，配合政府部门完善成本疏导价格机制，推动新型电力系统新增成本合理分摊、足额传导。开展新型电力系统电价体系研究，分析"双碳"目标下新型电力系统"源—网—荷—储"各环节成本变化及对电价的影响，提出完善电力市场建设和电价机制的建议，展望电力市场与碳市场融合发展模式。

二是紧密跟踪国家改革动态，致力于构建数字化输配电价测算体系。优化代理购电价格测算管理流程，打通发、售电两端业务数据链路，按时完成每月代理购电价格测算、报备和发布。适应代理购电信息披露要求，加快信息系统功能再造，完善电价管理报表体系，准确反映量、价、费及成本分摊传导信息。针对市场交易规则、电价政策调整等情况，及时协同业务部门完成系统改造、数据一致性校验、报表适应性调整，强化系统自动统计分析，助力输配电价测算，保持输配电价平稳。

三是基于价值传导评价模型开展交叉补贴测算。基于电网价值传导评价模型，将全口径收入、成本归集到所有客户层级，实现投入产出价值度量在客户层面的细化反映，再通过聚合分析，实现对不同行业类型、不同电压等级、不同用电类别的电价交叉补贴测算，厘清真实的交叉补贴情况，按期智能化出具江苏省多维度电价交叉补贴统计分析，为支撑输配电价核价、逐步消除电价结构性扭曲、推动电价回归商品属性、推进补贴政策逐步转向财政明补提供数据支撑。

> **应用二　推进销售侧"量价费"智能预测，辅助经营决策**

随着电力企业客户服务和管理的复杂化，准确预测行业企业电量、电费是做好电力规划、计划、生产运行、财务统计工作的重要基础。目前电网预测研究主要侧重于区域的增长负荷特性研究，对于不同行业不同企业电量、电费的预测研究较少。因此，在当前经济产业结构发生调整的情况下，更需要对行业、企业的用电量、电费进行深入预测和研究，借助大数据以及人工智能，开展大客户电量、电费预测分析，全面掌握客户用电行为与行业整体用电的差异，为客户提供有针对性的服务措施，进一步提高客户满意度，提升客户价值。同时，利用数据挖掘技术对电量、电费、电价异常的情况进行分析，包括异常客户及异常原因定位，有利于及时预警，减少企业经营风险，提高企业经济效益。

一是开展具体企业的日、月电量电费短期预测分析。基于数据中台，针对具体重点大客户历史日月电量数据、历史日月电费数据、电价数据、扩容数据、气象温度数据、节假日数据等数据，采用数据挖掘及人工智能算法，建立客户日、月电量电费精准预测算法，实现对重点大客户日、月电量电费的提前预测。

二是基于LSTM（长短期记忆网络）时间趋势算法，支持长期电量预测和趋势分析。利用人工智能技术，将影响电量电费的各个因素权重值进行分析比对，测算出具体行业的具体企业最优的预测模型，提升预测的颗粒度、精确度。将算法预测出的数据进行行业、电量、电费、趋势等多个维度分析展示，提高分析结果的实用性。

三是开展客户经营风险预警，确保电费回收颗粒归仓。通过单个企业的电量电费预测，结合电量电费历史数据、信用数据分析，及时发现企业运营风险。

> 应用三 搭建供电侧可再生能源补助结算平台，服务新能源市场主体

基于互联网主流云架构，打通从市场主体前端信息获取、补助资金分配拨付、结算账单发布审核的结算全流程，与预算、支付和账务等交互形成有效闭环数据流，满足数据即时共享和业务互动需求。灵活适应新能源补贴政策变化，优化结算模型，拓展大数据分析应用，实现可再

生能源发电结算横向数据全集成，纵向业务全贯通。

一是精确缺口计算。紧扣可再生能源补贴政策调整，内置更新运算逻辑，自动计算应付实付缺口金额，动态掌握资金余缺，实现缺口计算精准率100%。

二是自动智能分配。配置多种分配方案，提前设定运算逻辑，自动分割集中式应付金额，智能分配拨付资金，促进资金分配效率提高5倍。

三是多维穿透分析。打造明细汇总台账，满足双向穿透分析，支撑多维度数据统计与核查工作，辅助两级决策分析，实现结算管理自动化100%。

四是全流程在线管理。灵活响应新能源补贴政策调整，统筹管理江苏风电、生物质、太阳能等900多个集中式发电项目，实现可再生能源补助业务全流程在线办理，保障国补资金转付高效结算和安全支付。

3. 会计核算管理

> **应用一　构建多维管理报表体系，多元输出收入成本分析结果**

为满足精益管理对业财数据多层次、立体化的输出需求，进一步促进数据应用、激发数据价值，国网江苏电力依托企业中台建设，统一数据来源，简化会计科目体系，剥离原会计科目中承载的业务信息并转化为管理维度，构建形成多维业财信息反映体系，实现了一系列多维管理报表的自动出具，全面支撑投入产出价值信息多视角深度洞察，为企业经营管理决策提供参考（见图6-11）。

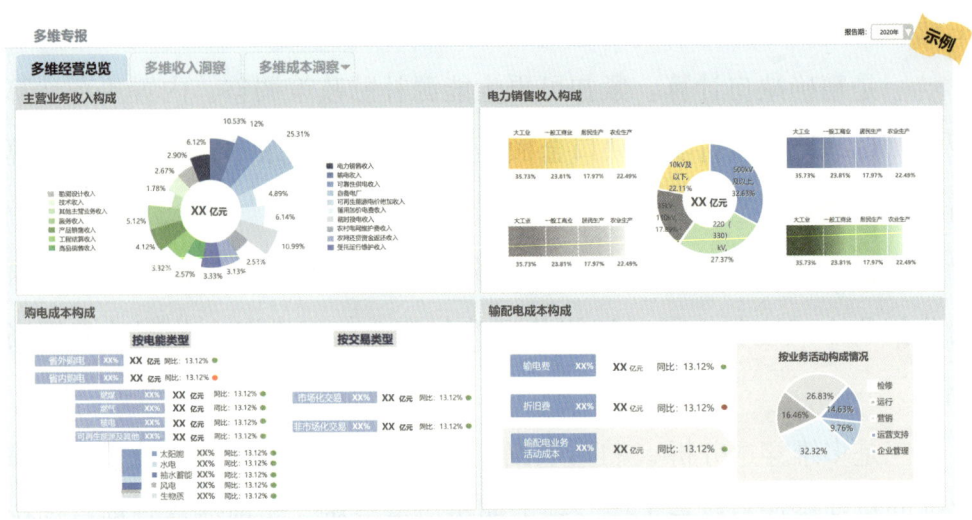

图 6-11 多维报表管理体系分析概览

（1）电力销售收入多维洞察

电力销售收入方面，从收入类型、用户类别、电压等级等多个视角解析收入构成，比较各供电单位电力销售收入的规模、结构、趋势和潜力，为公司经营对标、重点用户电费回收及负荷管理，特征用户群体差异化营销策略制定等提供数据支撑（见图 6-12）。

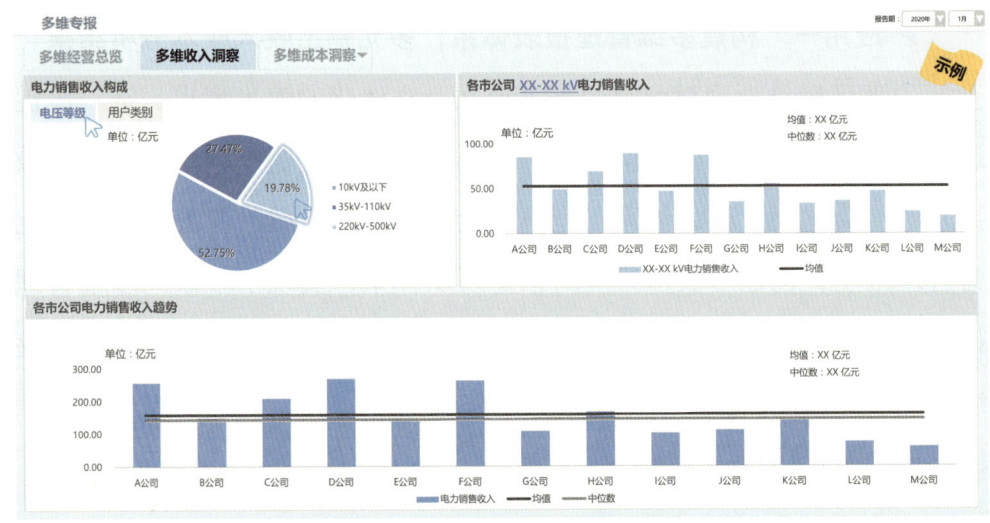

图 6-12 电力销售收入多维洞察

（2）输配电成本多维洞察

输配电成本方面，按照检修、运行、营销、运营支持、企业管理五大类业务活动维度开展成本分析，实时展示各类业务活动成本的结构分布、变化趋势以及各类业务的料、工、费占比情况，对外支撑输配电成本监审信息的披露与报送；对内高效识别价值洼地，智能定位成本投入异常的区域、单位、业务方向，从业务、资产、电压等级等多个维度，为输配电环节的资源投入决策、成本压降空间的挖掘等提供数据支撑（见图6-13）。

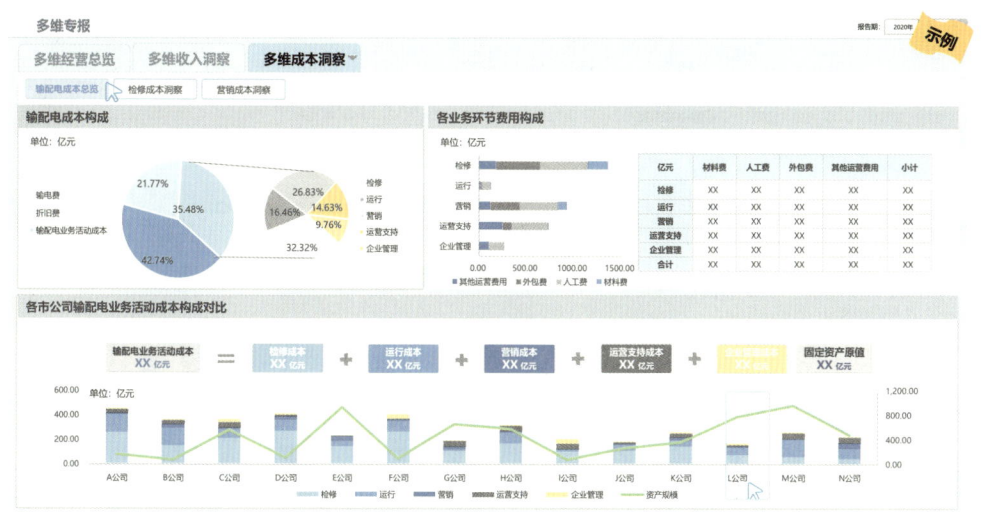

图6-13 输配电成本多维洞察

如针对检修业务活动，从成本要素、资产类型、电压等级等多个视角，开展效率效益对比分析，充分揭示成本现状，发掘潜在的提质增效空间，为优化制定电网设备运维检修计划、开展检修效率效益评价及自营外包决策等提供参考（见图6-14）。具体如下：

一是整体结构分析。分析内容包含检修成本中不同资产类型、电压等级的成本构成分析，不同电压等级各类资产检修支出的成本要素（料、工、费）构成分析，检修材料费的直接归集比例比较等。**二是整体效率分析**。对每万度电销售对应的自营或外包检修成本、折旧成本和资产规模等进行比较分析,同时对业务外包支出的规模和效率进行分析。**三是分资产类型的检修支出分析**。根据企业资产类型,对各单位各类资产的检修支出占比、万元资产检修成本等进行比较分析。**四是分电压等级的检修支出分析**。根据检修对象资产所处的电压等级区间,对每个区间的资产检修支出占比及万元资产检修成本进行比较和分析。**五是资产类型和电压等级的组合分析**。在单项分析的基础上,分电压等级,对每千米架空输电线路资产与检修支出、每千米电缆输电线路资产与检修支出、每千瓦变电设备资产与检修支出进行细化分析对比。

图 6-14 检修成本洞察

如针对营销业务活动,细分为电能计量、用电营业、供电服务、市场与能效、智能用电、营销综合管理六类二级活动,分析各二级活动的料、工、费结构及其合理性,为合理安排营销业务开支、精益管控营销业务成本、促进各单位营销活动提质增效等提供了翔实的数据参考(见图 6-15)。具体如下:

对电能计量、用电营业、供电服务、营销综合管理四类二级活动,侧重分析每万度电销售对应消耗的营销成本、单位用户平均承担的营销成本；对市场与能效、智能用电两类二级活动，关联提质增效成果进行单项比较分析。区分不同用户类别（大工业、一般工商业、居民、农业生产等），分析直接归集、间接分摊到用户的营销成本的规模、结构，并对重点用户类别开展专题分析。

图 6-15　营销成本洞察

> 应用二　创新构建价值反映体系，细化反映管理单元价值贡献

电网企业的成本投入分散在从特高压到终端用户的各电压等级网络上，但电力销售收入却来自网络终端的用户，因此在以往的管理实践中，国网江苏电力一直被一个管理难题所困扰，即单个用户的投入"算不出"，单项资产的产出"算不准"，末级组织效益贡献"算不清"，收入成本只能以市县公司为主体算统账，无法按照最小经营单元算细账，精益管理缺少科学数据支撑。

为解决这一难题，国网江苏电力创新搭建一套业财深度融合、业务逻辑合理、技术路线新颖的价值反映模型。该模型围绕用户、组织、资产三类管理单元的价值反映，基于电网运行特点，动态搭建电网能流拓扑传导路径，将全口径生产成本精准归集到各物理拓扑节点，并合理传导分摊至终端用户，匹配售电收入信息后得到用户价值贡献；进一步将用户价值信息逆向汇聚至各级供电组织和物理拓扑节点，从而实现组织层、资产层的价值贡献量化反映，满足电网全级次、多层级、多主体的价值评价和管理提升需要。

（1）聚合经营数据，打造数字孪生电网

依托数据中台技术，以同期线损系统和营销管理系统为主体，贯通生产设备管理、营销管理、用户采集、同期线损、SAP等源端信息系统，链接主网侧、配网侧和终端用户，构建出"主网—配网—用户"的电网能流拓扑传导架构；根据各类成本的驱动因素，差异化定义成本分摊、传导因子。在此基础上，将收入成本、设备资产、组织人员等跨专业的业务信息充分聚合，构建出覆盖全部"站、线、变、户"的数字孪生电网，打通了各类成本传导和聚合的通道，有序链接公司用户、变电站（包括配变）、线路、台区、供电所、班组，有效整合分散在各业务环节的资产、项目、工单等信息，实现公司资源消耗过程中数据的集成交互、数字还原、动态更新与实时获取（见图6-16）。

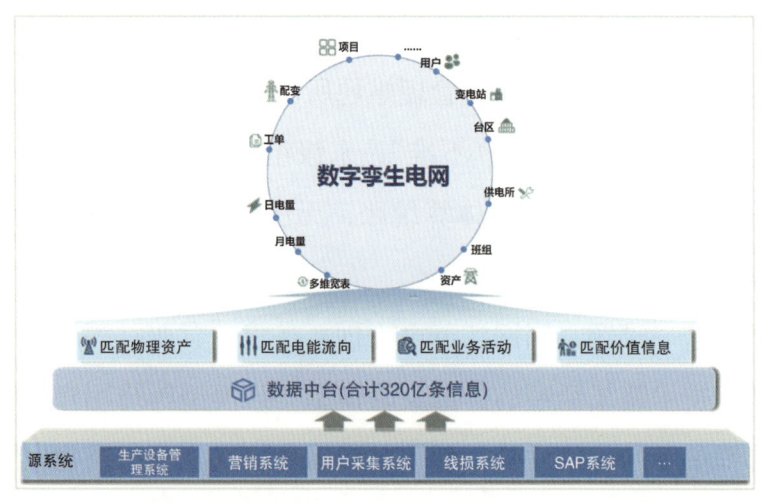

图6-16　数字孪生电网

（2）匹配电能流向，镜像还原价值拓扑

应用数字孪生电网关系基础，构建价值传导模型，通过成本的正向传导和收入的反向归集，实现电网企业价值创造过程在虚拟世界中的镜像还原。

在成本方面，沿计量周期内的电能绝对流向，将全级次成本逐级传导至终端用户，清晰反映"站、线、变、户"每一个节点的成本构成，使得电网企业每一分钱的投入都能"算得清、算得准、看得见"。在收入方面，基于营销系统的电费发行数据，直接将收入归集至每一个终端用户，再沿电能绝对流向，逆向上溯归集至相应的物理拓扑节点。图6-17显示的是某特高压线路通过500kV的A变电站接入江苏省级电网后，各类价值信息如何沿着电网拓扑进行传导和归集直至某终端用户的过程。

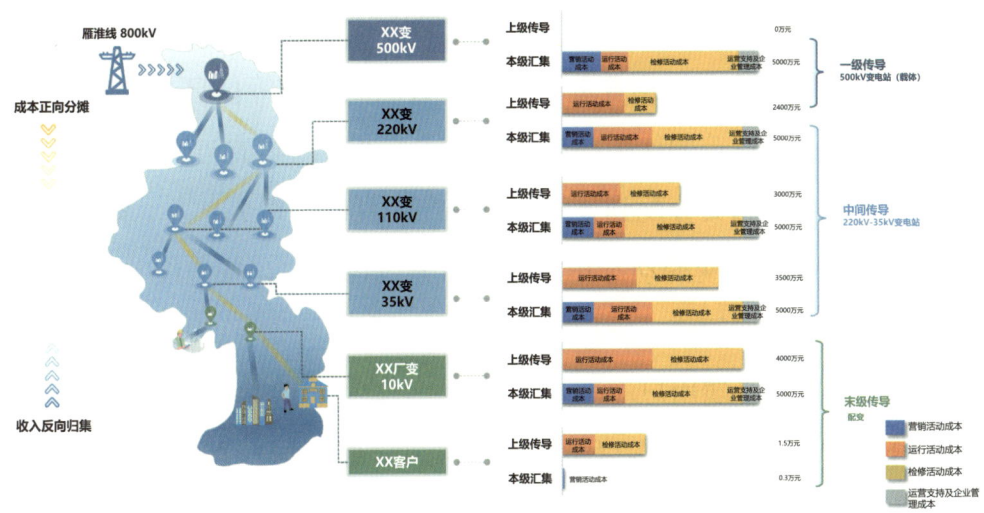

图6-17 江苏省级电网变电站电网拓扑价值传导示例

1）成本正向传导

一是围绕资源耗费，汇集全口径全级次成本。

以全口径、全级次价值传导为目标，突破核算主体的限制，按月分层汇集购电费、折旧费、人工费及其他成本。依据成本的"业务活动"

属性标签，将全口径成本科学划分为"拓扑相关成本"和"拓扑不相关成本"两类。

是否与拓扑相关，根据业务活动产生的成本是否与电网电力流动直接关联来判断。例如，变电设备检修类业务活动成本是为了检修运维电能流动的"经停站"——变电设备而发生的成本，故为拓扑相关成本。又如企业管理业务活动成本是企业开展各类经营管理活动而发生的成本，并不直接作用于电能传输物理设备，故划分为拓扑不相关成本。根据上述理论基础，将运行、检修活动成本划分为拓扑相关成本；将营销、运营支持和管理活动成本划分为拓扑不相关成本。根据两类成本类型，分别开展后续成本传导收入归集。

二是根据成本特征，差别设置成本传导模型。

针对拓扑相关成本，采用"两步归集法"，建立成本分级传导模型。**第一步是初始归集**，根据业务活动、项目三级分类等信息，以变电站、线路、配变、用户等网络拓扑节点为载体，进行成本的初始归集，将各类生产成本初始归集分配到各级线站资产的具体物理节点上。**第二步是传导归集**，依托电网的动态拓扑，采用分级传导法，按进线关口电量、容量、个数、资产原值、发行电量等成本动因，将初始归集的成本逐级向下传导分摊到终端用户。

分级传导法主要包含以下三个层级。**一级传导**：以 500kV 变电站为载体，汇集 500kV 及以上的全口径成本，依据拓扑结构和分摊动因，全量分摊传导至下一级变电站（220kV 变电站）。**中间传导**：以 220kV-35kV 变电站为载体，接收上一级变电站传导的全口径成本，再加上本级汇集的全口径成本，依据拓扑结构和分摊动因，依次逐级全量传导至配变。**末级传导**：以配变为载体，接收上一级变电站传导的全口径成本，再加上本级汇集的全口径成本，根据"配变—台区—用户"的关联关系，全量传导至终端用户（见图 6-18）。

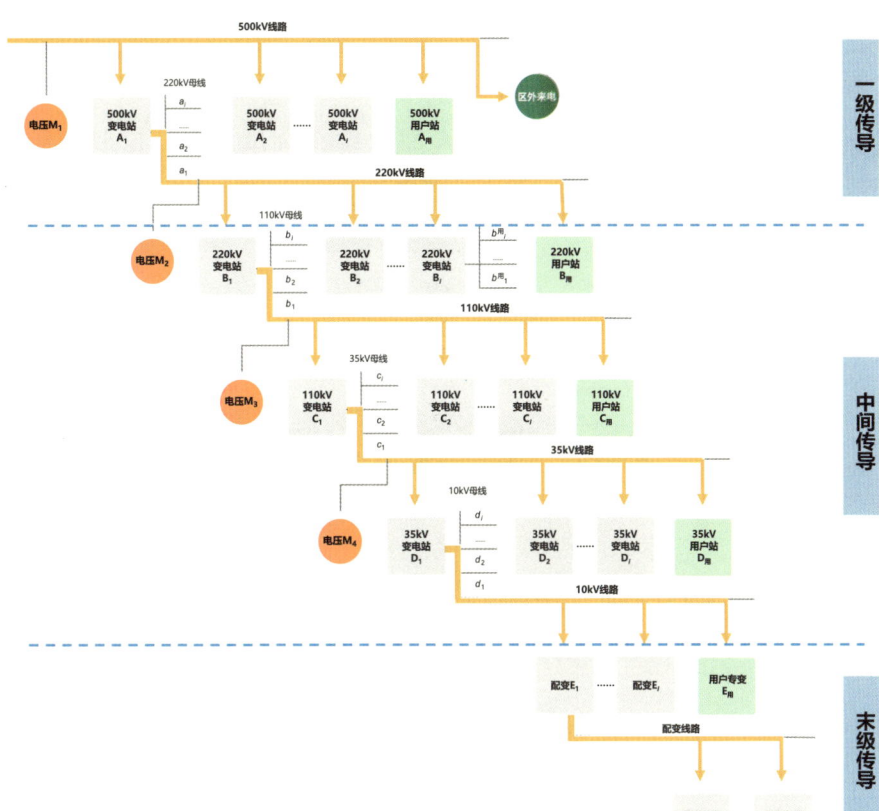

图 6-18　拓扑相关成本传导模型

针对拓扑不相关成本，采用直接分摊法，依照用户数量、电量等成本动因，直接将成本分摊至终端用户。

最终，上述两类差异化路径的成本传导分摊结果在各终端用户上进行汇集，从而实现终端用户消耗成本的精准计量。

2）收入反向归集

经过成本的正常传导和收入的直接归集后，末端用户已经准确承载了电网全量的投入（成本）和产出（收入）价值信息。在此基础上进行价值回溯：第一，结合户变关系、配台关系、线站关系等信息，将用户投入产出价值信息沿电网能流拓扑传导路径逆向聚合，汇聚到台区（配变）、中压线路、变电站等电网资产节点，实现设备资产投入产出的科学计算；第二，结合用户与供电组织、资产与设备主人及供电组织的对应关系等信息，将用户和设备的投入产出聚合到供电所、区县供电公司等各级供电组织，实现组织层投入产出的科学计算（见图6-19）。

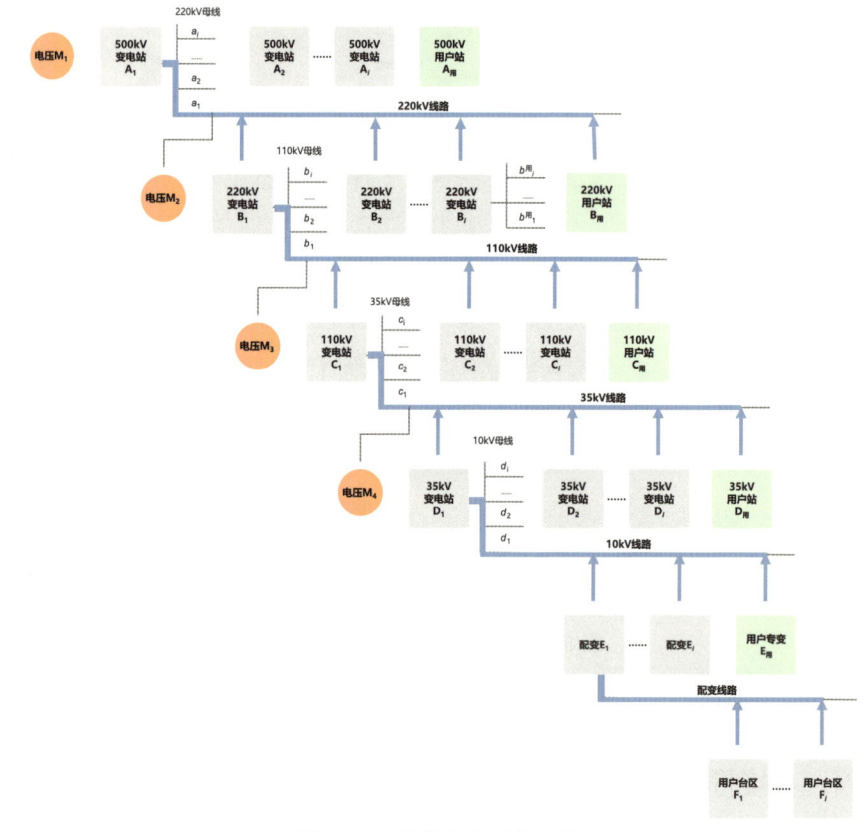

图6-19 价值信息反向归集

> 应用三 全面打造分析应用场景，深度挖掘投入产出核算价值

国网江苏电力以精益管理和价值创造为统领，以业财融合和数据交互为抓手，结合电网业务特点，基于最小经营单元信息反映模型，形成围绕用户、设备、组织的投入产出"三本账"（见图6-20），实现对价值贡献和资源消耗的量化精准评价。在此基础上创新开展多主题价值分

析,全方位打造价值数据应用场景,同步构建统一的分析平台,推动一站式的场景展示与应用服务。

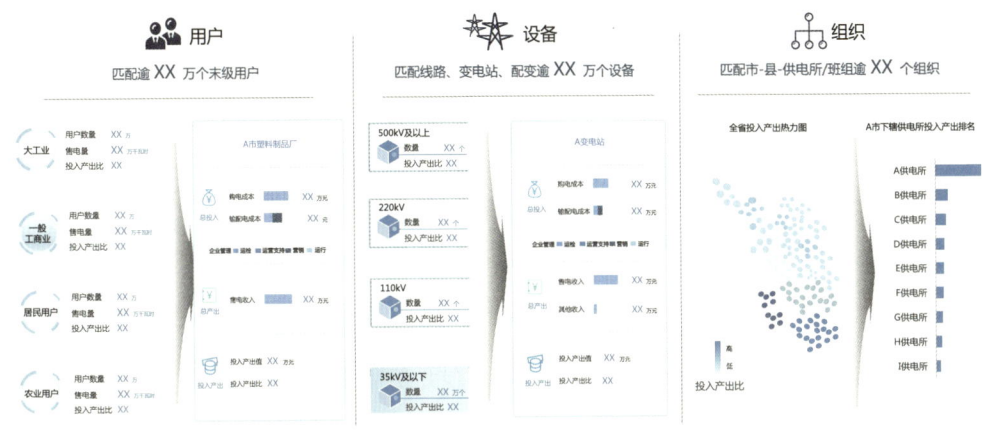

图 6-20 投入产出"三本账"

基于用户一本账,将用户投入产出数据与用户档案信息进行全面链接,多触点、多维度、多层级聚合统计各类用户的盈亏状况,细化揭示不同电压等级、地区、行业间用户的盈亏结构和互补情况,算清电网企业在保障性用户上的净投入和履行社会责任成本的确切规模,为理顺电价结构、促进公平电力负担,推进完善交叉补贴机制做出积极探索。另外,将用户一本账用于用户360°智能化立体评价,抽象出用户的信息全貌,提升分群画像的价值信息含量,为精准定位受众、科学开展负荷管理、差异化提供营销服务、拓展潜在市场空间等提供数据支撑。

基于设备一本账,将设备资产投入产出数据与输配电量、历史投资额、检修运维成本投入等信息进行关联,综合分析资产实际投入的产出效果,针对性开展异常数据研判分析,识别项目投资不合理、资产运营不充分等情形,为优化技改大修项目的投资决策提供支撑。例如对于资产原值大、收入高,但产出值却相对较小的异常情形,针对性开展原因分析,溯源成本投入过高的问题症结,为流程改进和管理优化提供具体参考。又如将检修运维项目储备信息与对象资产组关联，自动给出对象资产组在价值维度的评分结果，对得分低于警戒阈值且无充分合理由的项目储备，则禁止或延期立项，以此提升项目储备的效益质量。

基于组织一本账，将各级供电业务组织的投入产出值用于组织质效复合评价。一是以组织投入产出值为基础，围绕提质增效关键驱动因素，从价值贡献和经营质效两方面，构建效益评价指标体系。其中价值贡献类指标聚焦组织的整体效益，结合售电量、成本规模、资产规模等信息进行构建；经营质效类指标则将资源投入与广义的"产出"进行关联，结合业扩报装、线损管理、停电管理等专业工作成效评价结果进行构建。二是将组织质效复合评价结果与薪酬分配紧密挂钩，通过在绩效考核中进行加减分、在浮动奖金系数中引入投入产出价值贡献评价因子等方法，驱动基层供电业务组织持续改进管理、提升质效。

> **应用四　应用业务凭证电子化模块，实现无纸化办公**

随着财务工作向"无纸化""数字化""智能化"转型发展，以往线下业务单据存在的传递速度慢、保管存放难、查询效率低等问题日益凸显。各类业务凭证需要实现电子化、规范化管理，以适应业务处理效率提升和财务基础管理水平升级。

国网江苏电力基于二维码识别、OCR 扫描、RPA、NLP 等技术，通过梳理业财管理标准，明确凭证采集规范，集成公司内外部数据，构建业务凭证电子化模块。针对公司内、外部各类单据的特点，提供影像全链路公共服务，实现凭证电子化采集、流程无纸化传递、票据智能化管控、数据共享化应用。

（1）凭证信息的全面线上采集

应用业务凭证电子化模块，对公司内、外部的结构化、非结构化凭据信息进行全面线上管理。

针对内部凭据，对于可以转化为结构化数据的信息，如采购订单、验收单等，明确业务数据电子化类型、内容、格式等标准，梳理采集部门、系统流程和流转方式，通过系统接口上传、链接方式采集、处理等，在模块内集成公司财务、业务系统信息。对于非结构化信息则通过特定方式采集并线上存储，如图片、影像等电子数据可通过移动端、PC（个人计算机）端、邮箱等进行采集，线下纸质原始凭据，通过扫描仪进行线上采集。

针对外部凭据，对于电子发票等电子格式凭据，支持对原文档进行上传及识别，实现公司系统内的线上流转。对于纸质发票、行程单等线下纸质凭据，应用成熟的OCR扫描、NLP、影像自动分类等技术对凭据进行识别、转化和存储，将公司外部数据转化为内部数据进行电子化统一管理。同时基于公司管理需求，在内外网数据交互管理安全性的前提下，将单据的采集过程集成至信息产生的外部源端系统，与外部凭据产生的系统进行集成，直接获取外部结构化数据或电子文档，提升高效、精准的信息采集和处理能力。

对于电子发票，公司实现了全流程线上闭环处理，通过内部业务信息和业务流程的自动关联实现电子发票及其电子凭证自动开具、自动存储、自动推送、自动接收、自动解析、自动验签、自动填单、自动流转，推动实现发票协同、业务协同、凭证协同和资金协同全面自动化，并且依托总部现行税企、银企、企企等直连通道，开展剩余4类外部法定凭证电子化接收、报销、入账、归档试点验证工作。

（2）业务流程的全面线上流转

将资金授权审批标准与财务报销系统有机融合，根据财务报销类型嵌入审批标准。业务申请提交时，系统根据设定的审批标准和业务报销金额自动流转至各级审批人，不再依赖人工区分不同业务类型的审批标准。同时将审核要点和报销必需的附件资料要求等审核规则内嵌于系统中，在提交业务申请时，系统自动运行审核规则并及时做出提示，有效降低审核退回概率，实现业务全流程线上审批，提升财务报销效率。

（3）电子化信息的关联及归档

一是建立信息关联性。将各类电子化信息与应用系统相关单据关联，构建完善的电子化凭据归档模式，将档案流和业务流进行对接，实现电子化信息的全程穿透查询，方便、快捷地实现电子凭证的查找、使用和共享。

二是建立档案统一规则。将电子会计凭证数据、审批文件数据等统一转换成归档所需要的版式文件，运用电子签章或电子签名等技术加密后存档。设置电子档案整理规则（分组排序、立卷方式、档号规则等），通过"票、单、证"三者的对应关系建立档案间索引关系。

三是建立归档管理规范。利用财务中台的会计档案归档服务，实现版式文件信息与元数据的归档，并从档案数据的真实性、完整性、可用性、安全性四个方面进行自动和手动检测。对于部分电子档案需要纸电共存的情况，建立实体库位与电子库位的关联，确保档案移交防篡改及过程留痕，同时定期进行档案质检及审批。在对各类电子业务凭据完成了档案化存储后，对电子会计档案进行在线检索、在线借阅等。

（4）增值税电子发票电子化报销入账归档

随着国家推行增值税电子发票的力度不断强化，国家档案局等四部委和国家电网公司均要求进一步扩大增值税电子发票的试点应用。国网江苏电力先行先试，以业务流程和数据链路全面贯通为基础，以总部智慧共享财务平台发票业务相关价值管控规则设计为参考，结合公司实际优化管理流程与系统功能，通过"版式文件全量归集、结构化数据全程在线、会计档案无纸化存储"重点建设工作，实现增值税电子发票电子化报销、入账、归档，推动建立一套易于复制、便于推广的电子会计档案管理机制，以数字化手段降低管理成本、提高运营效率。

一是电子档案来源可靠。通过对上传的电子发票进行验真，确保电子发票从采集进会计系统起至完成数字归档保存的全过程均处于受控状态。

二是会计系统管理规范。对员工报销系统、ERP 系统等 5 个系统进行功能改造，确保能够准确、完整、有效地接收和读取电子发票，输出符合国家标准归档格式的会计凭证，并设定经办、审核、审批等必要的审签程序。

三是电子档案长期保存。对数字档案馆系统进行功能改造，确保能够有效接收、管理、利用电子会计档案，增加 XML 封装、四性检测等工具，建立电子会计档案备份制度，使电子会计档案满足长期保管的要求。

四是支撑技术领先。通过 OCR、NLP、OFD（开放版式文档）版式文件解析，实现辅助填单；通过电子底账库实现报销发票自动验真、自动稽核、自动认证，防止重复报销；通过 OFD 版式文件、电子签章技术，防止电子文件被篡改（见图 6-21）。

国网江苏电力业务凭据电子化模块经过多年的迭代建设、实施推广和深化应用，加强了对关键节点和重要业务的系统管控，解决了传统纸质凭据审批流程长、传递速度慢的问题，业务审批周期缩短近 40%，原始凭证验真时间缩减 76.9%，审批流程效率提升 75%，财务管理效率显著提升。增值税电子发票电子化报销、入账、归档试点工作于 2022 年通过四部委验收，后期必将为国网系统无纸化办公的完全实现奠定坚实的基础。

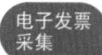 **电子发票采集** 先后进行文件类型判断、票面信息识别、验章和查验、辅助填单等步骤，实现上传报销，提升用户报销效率，提高报销数据质量，达到试点通知"接收的电子会计凭证经查验合法、真实"的要求

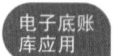 **电子底账库应用** 增加电子发票报销占用标识，防止跨系统的重复报账；增加账票关联信息，实现发票信息与账务信息的联动查询；过账自动签收可选完成进项税发票认证，实现涉税业务标准化、流程自动化，降低出错概率，避免税务风险

 **OFD版式文件应用** 提升公司软件国产化水平。采用流式模板，创新性地实现会计凭证等非固定格式转化成版式文件；版式文件在线阅读，提升用户使用体验，减轻系统部署难度；同步增加用户名水印信息，减少信息泄露风险

 **电子签章应用** 统一采用并改造国网电科院电子签章服务，成为首个国网系统中实现在OFD版式文件加电子签章的单位，满足试点通知对会计电子档案防篡改的要求

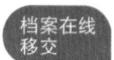 **档案在线移交** 电子会计档案系统建立完整的在线移交归档功能，电子会计档案移交到数字档案馆过程可跟踪，信息可追溯，提升电子会计档案的移交效率，保证移交记录的完整性与可追踪性

图 6-21 增值税电子发票电子化模块

4. 资金管理

➢ 应用一 搭建资金流量预测体系，推动现金流动态精准预测

国网江苏电力利用数据模型及系统平台搭建资金流入、流出及缺口预测体系，推动现金流动态预测，提高现金流预测的完整性和准确性。

（1）资金流入预测

1）构建现金流入预测模型。在拟合时间序列的基础上分析现金流入影响因素，以现金流入为因变量，以相关影响因素为自变量，通过统计产品与服务解决方案软件（SPSS）构建现金流入预测模型，并通过时间序列模型将月度电费流入资金分解到日，提高现金流入的预测精度，更有效地为资金调配决策服务。

2）分析售电影响因素。根据用户类别对售电量进行分类，主要分为大工业、一般工商业、农业生产、居民生活四类。公司首先从业务角

度分别分析各类别用户售电量的影响因素，进一步提炼形成对应指标及多个关键影响因素（见表6-1）。

表6-1 售电量影响因素

用电类型	指标	关键影响因素
大工业	月度大工业售电量	GDP、汇率、机械制造产业、建材、金属冶炼等工业产量等指标
一般工商业	月度非工业、普通工业用电售电量	GDP、节假日、人口、CPI、纺织行业、纱产量、布产量等普通工业产量等指标
农业生产	农业生产售电量	气温、CPI、地区农业总产值、降水量等
居民生活	居民生活售电量	居民人均可支配收入、气温、人口、CPI、节假日等

3）预测售电收入。一是收集近几年的售电量、负荷数据等营销内部数据，引入国家统计局等网站宏观经济、气候气象、工业产量等外部数据，同时考虑抄表例日、节假日、气温等关键影响因素，采用灰色预测、差分整合移动平均自回归（ARIMA）模型、支持向量机（SVM）、随机森林等方法建立分用户、分电压等级的售电量预测模型；二是将上述单个预测模型的结果按照方差倒数法确定的权重建立组合预测模型，避免单一方法导致偏差的产生，提升预测结果的精确性、稳定性及自适性；三是结合各类别用户的负荷特性及相应电价政策，建立适用于不同用户平均电价的预测模型，最终通过电量乘以电价计算各类用户的应收电费。

4）模拟每日电费流入。依托影响因素分析及预测模型，公司统计并计算近几年每日电费现金流入及其历史占比；带入各类电量预测模型，预测下月电费现金流入结构，并根据预设规则自动计算得到预测月份的日电费现金流入（见图6-22、图6-23）。

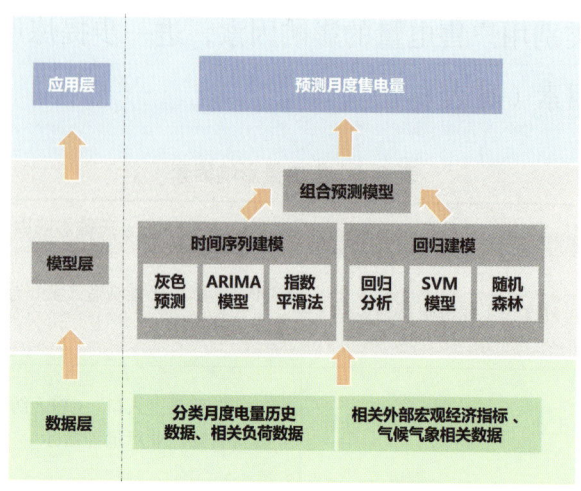

图 6-22 月度电费收入预测模型

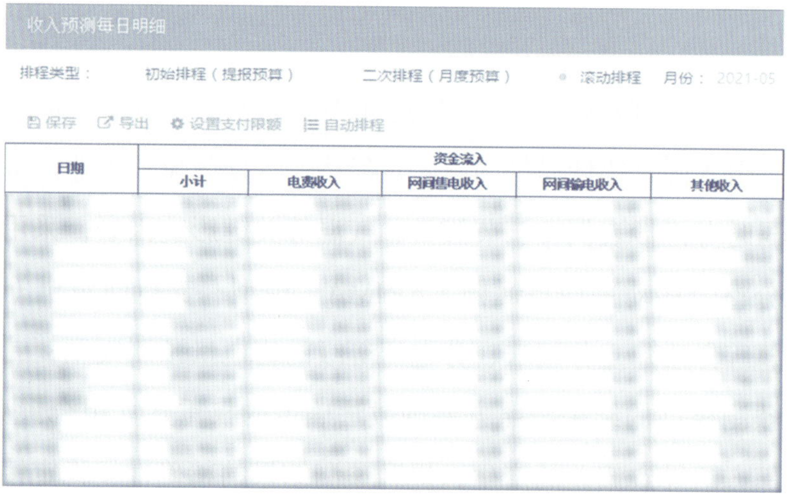

图 6-23 每日收入预测

（2）资金流出预测

为满足各层级、各颗粒度的资金支出管理需求，国网江苏电力通过设置系统规则，利用预测模型对资金流出进行年度、月度以及每日预测。

1）年度预测。根据资金支出主要业务，公司资金年度预测包括购电费支出预测、资本性流出预测与成本性流出预测。

购电费支出方面，主要依据企业战略部署及市场历史数据开展预测；资本性流出方面，通过获取基建项目的概估算信息、预计开竣工时间及项目实施形象进度安排开展分析，结合全面预算中的年度资本预算安排以及项目全口径储备中的年度预算下达值，创设"项目成本（预算）执行进度排程"，设置规则确定预计付款日期；成本性流出方面，以全面预算中的成本性年度预算安排为基础，将历史数据变化趋势折合成每月权重系数，结合时序性要求预测出全年现金流整体的发展趋势，同时根据每月实际执行数对年度预测进行滚动修正。

2）月度预测。利用支付融合功能，公司从预算管理模块中获取汇总的月度现金流预算，统筹财务管控系统购电投融资业务模块获取的购电预算、投融资利息还款及税金预算，生成次月现金流支出预算。

3）每日预测。借助资金支出预测模型，结合每日预算储备，将月度支出预测分解到日，分省公司及市公司层面，以日历表的形式展示每日资金预算安排，并支持穿透查询。

（3）资金缺口预测

在实现资金收支预测的基础上，国网江苏电力统筹利用收支数据，进一步分析未来现金流规律。结合安全备付额度，实现总体资金需求及未来资金缺口的科学预测，并据此进行融资预测分析，合理规划融资规模和节奏，推动融资数据管理。

通过上述三类模型的搭建，公司资金流量预测精度显著提高，预测数值与实际流量偏差大幅减少，提升了资金流量管理效率与管理质量。

> **应用二 构建省级集中收款体系，实现资金收款全流程管控**

科技的发展，进一步拓宽了用户的缴费渠道。用户缴费方式由传统的营业厅柜台缴费拓展至银行代扣、移动支付和App缴费等电子化缴费方式，电费代收渠道也从传统的商业银行拓展至微信、支付宝等第三方平台。国网江苏电力为看得清、管得住每一笔电费资金的变动情况，依托集中统一的集团账户体系，通过统筹管理电费代收渠道、建立智能电费收款模式、推动"营银财"一体化管理等有效措施，构建省级集中收款体系，统一缴费渠道，增强了用户缴费的稳定性，降低了用户的缴费成本，全面提升资金收款的流程管控。

（1）统筹管理电费代收渠道

为优化电费收款渠道管理、提升服务用户能力，国网江苏电力建立电费省级直收平台（以下简称"省级平台"），统一全省代收渠道与平台系统集成规则，规范渠道接入数据标准、信息交互频率和接口技术规则，实现全部收费渠道迁移至平台内，同时借助银企直连，保证资金信息在时间和空间维度的及时准确匹配（见图6-24）。通过省级平台对各代收渠道的收款明细和划款行为进行实时监控，增设资金安全防火墙，防范数据受到黑客篡改和攻击，确保收费数据反馈及时准确。

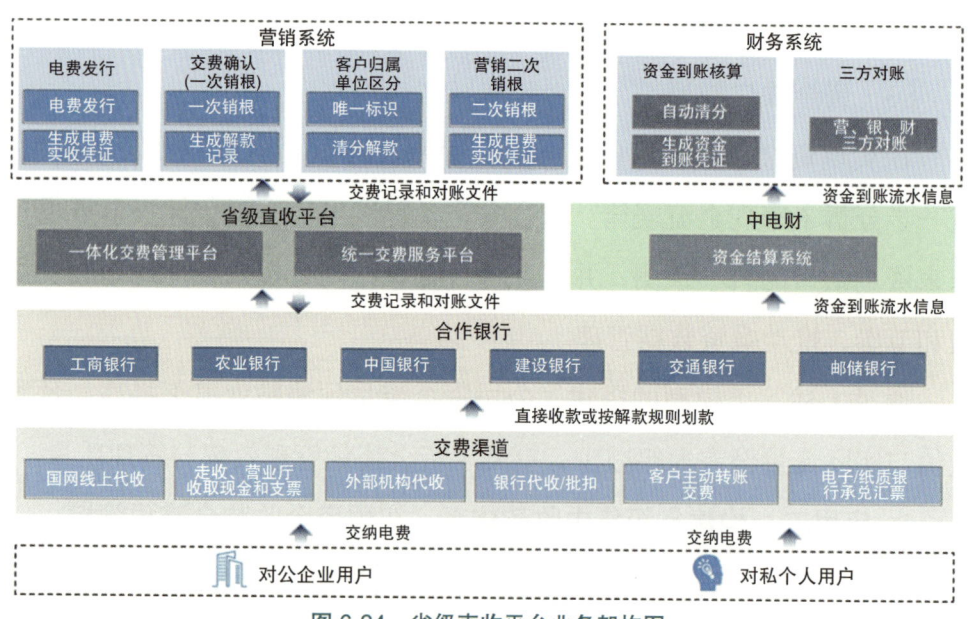

图6-24 省级直收平台业务架构图

（2）建立智能电费收款模式

为保证用电客户缴纳电费的便捷性、安全性与高效性，推动电费缴纳账户与用电户号高效、精准挂接，国网江苏电力以集团账户体系为起点，搭建省级智能电费收款体系，创新开发数字化的缴费方式，优化电费账户应用，提高公司的现金收款效率，提升用户的缴费体验。

公司在工农中建等十一家银行开通电费充值专用入口方便用户缴费，依托微信、支付宝等第三方平台进行电费托收，用户向所属用电户号转账缴费后，资金直接入户、精准销账。对于少量跨行转账用户，公司创造性开发数字化的"客户能源卡"业务，并制定相应的业财线上流程及规范，通过为用户分配专属缴费账号（账号与用电户号绑定），实现用户转账至该账号即可按户入账、自动销账（见图6-25）。这样做既避免了企业用户转账至电费账户，需前往柜台人工办理销账的问题，又有效消除了公司的不明款项，提升账务处理效率。

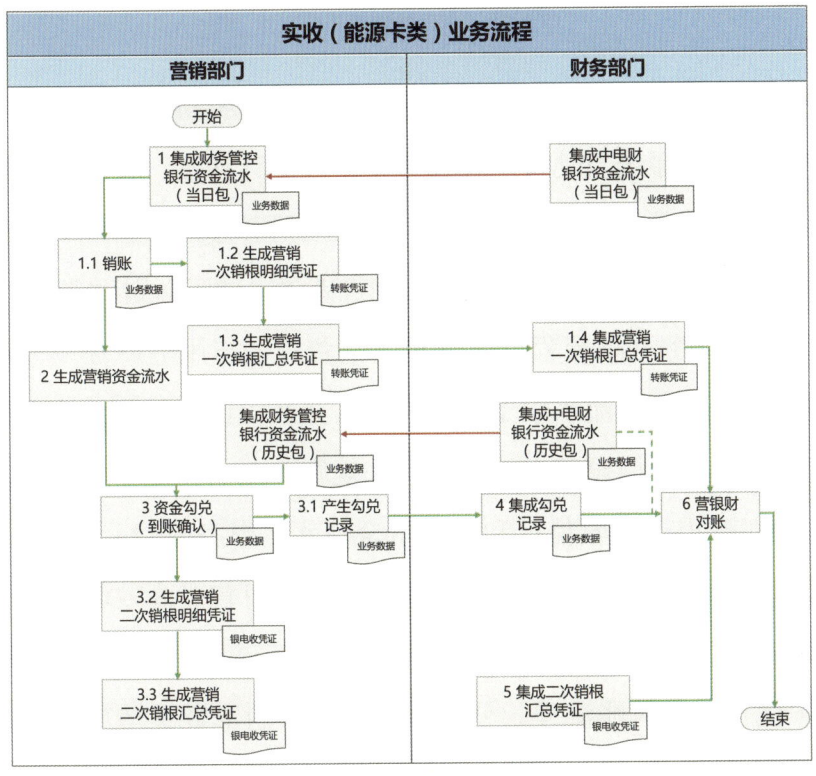

图6-25　客户能源卡业务流程

（3）推动"营银财"一体化管理

国网江苏电力依据"财务负责总账、营销负责明细账"的原则，统一业财资金主数据与核算规则，集成营销前端业务系统，以销账记录为基础，重构业务处理流程，优化银企对账，推动营银财数据深度融合，资金全期智能联动（见图6-26）。

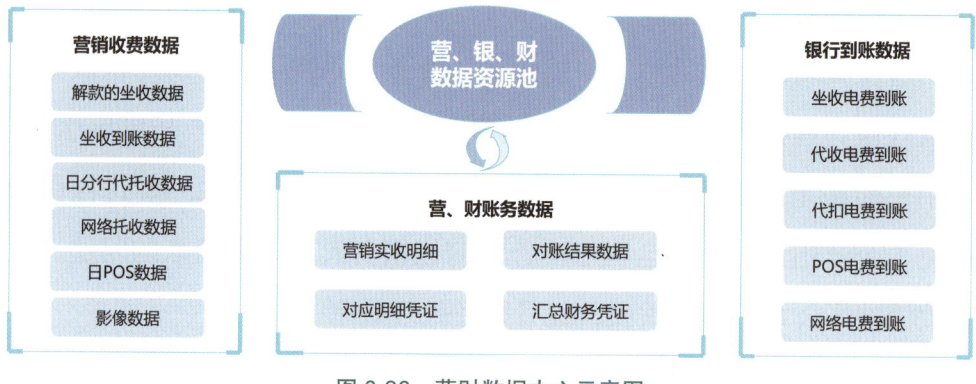

图6-26　营财数据中心示意图

1）统一业财核算规则。营销发生发行、收费、销账、复核、退费、更正等业务时，系统自动按照预设规则生成会计凭证，杜绝人工舞弊风险；同时营销系统以销账记录为基础，按照财务总账核算规则自动汇总生成各类电费收费统计报表，消除时间性差异，便于营财对账。

2）重构业务处理流程。通过建立电费资金与用电户号——对应关系，省级平台对资金流水赋予唯一编码，并在营销、财务系统全程在线共享。依据该编码内设资金清分及对账规则，在电费业务发生时，营销系统自动匹配渠道代收信息和银行资金流水，财务收费、销账、记账、对账等环节全流程强关联，实现电费资金精准打包、高效清分、实时入账，"营银财"融合规范有序。

3）优化银企对账流程。公司通过与银行制定资金结算方案，规范业务流程和技术标准。首先，银行侧通过省级平台发送内含用电户号、金额、款项性质等数据的电费代收信息流，营销系统据此实现线上实时自动销账，保证一次销账零差错；其次，省级平台按日对代收明细赋予唯一编号，在"T+1"日接受代收机构反馈的资金流，依据唯一编码对代收信息流与实际划款资金流进行一致性校验，确保渠道侧代收电费数据和划款数据、明细数据的一致性，实现自动进行营销二次销账；最后，通过建立市县二次销账和省级实收凭证之间的穿透关系，对电费资金流水进行全生命周期管理，清晰展示电费资金入户情况，在电费资金实时归集、精准清分的基础上，营银、营财三方自动对账，实现电费业务全程人工干预大幅减少、工作效率提升 80% 以上。

> 应用三 构建省级集中付款体系，实现资金付款全流程管控

国网江苏电力资金规模庞大，资金支付的组织层级多、范围广，涉及多个环节、流程及审批节点。以往非集中的支付方式管理烦琐、效率低，不利于资金支付的全流程管控，存在潜在的安全隐患。

为此，公司通过建立省级集中支付下的数据共享链路，将管理要求主动嵌入业务前端，实现付款业务信息穿透查询与全量展示。同时推动付款业务申请、审批及实际支付等环节处理时间、处理人员、审核意见等信息的全程共享可见，保证信息不缺失、不浪费，业务操作可追查，提升资金业务的办理效率和管理水平。

（1）支付申请环节

在支付申请环节，国网江苏电力主要通过供应商同源管理、合同控制支付申请等数字化管理手段，提升资金支付申请环节的管理效率，从源头上保障资金安全。

在供应商同源管理方面，公司依托主数据管理平台，整合供应商与银行账户等信息，经过系统自动识别与人工二次审核，确定供应商黑白名单，通过预设自动控制规则，由系统自动优先支付或限制支付。

在合同控制支付申请方面，设置经法合同与财务预算关联强控关系，合同起草时，经法系统自动调用财务预算进行强控；支付申请发起时，财务系统调用合同结构化信息进行强控，如调用合同签订日期进行付款日期强控，实现业财深度融合。

（2）资金审批环节

在资金审批环节，国网江苏电力依据分级授权审批的原则，通过在系统内固化资金审核审批标准流程，推动业务与财务审核审批的全过程线上操作。业务人员发起报账业务时，系统按类别、金额自动逐级流转至相关人员进行处理；审核人员录入指纹，系统自动与公司指纹库进行比对校验，生成电子版支付申请单，实现审批流程全程可溯，杜绝冒录指纹与替代操作的风险，提高了业务审批人员的责任意识和规范操作意识（见图6-27）。

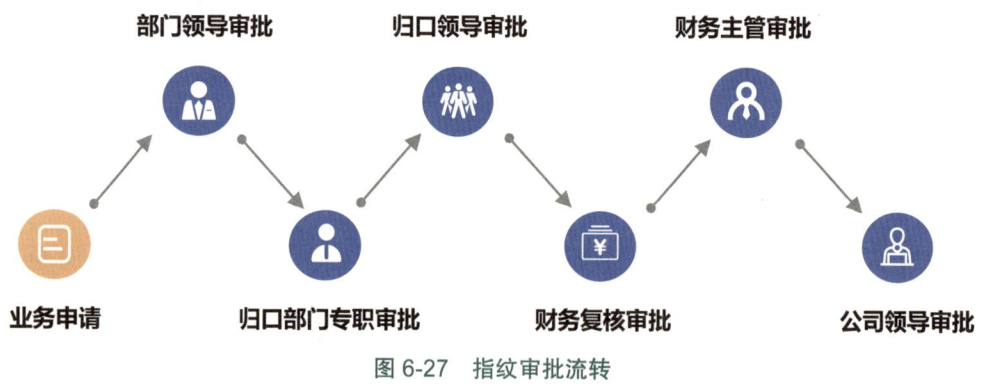

图6-27　指纹审批流转

（3）资金支付环节

在资金支付环节，国网江苏电力依托资金收支预测体系，根据业务种类编报预算，细化配比支付日期；同时利用智慧支付策略优化日排程，合理调度资金，提升支付效率。

1）统一资金预算编报标准。按照"有预算不超支、无预算不开支"原则，公司通过细分业务性质及数据来源，分析不同业务的发生频率、支付要求，将支付业务划分为 8 项大类、103 项小类，按类编报资金预算。

在月预算机制方面，公司的物资采购、融资等业务以相关的合同、票据等为依据，购电业务以电量电价为依据，日常报销业务以历史数据测算结果为依据，统筹编制次月资金预算。严格执行收支两条线的规定，以省公司下达的月度预算为准完成下级单位月度资金支付。严禁本级支付预算和省级集中支付预算互相调剂。

在周平衡机制方面，系统根据资金池各类单据排程情况，提前一周锁定资金每日支付计划，周平衡取数范围为资金配比池中下周的资金支付流程。将月度预算细化至周，为资金备付和支付安排提供精准支撑。

在日排程机制方面，系统根据周平衡结果控制每日支付额度，各单位根据排程日期有序安排支付。紧急情况下可在排程额度内调整具体支付业务，大额紧急支付可发起额度调整申请，经省公司审批后可进行支付，据此有效平衡日排程的计划性和机动性。

2）日排程优化。在现金流按日排程功能已实现的基础上，公司依托数据中台、大数据分析等进一步改造资金省级直付模式，优化支付业务流程，开发省级智慧支付功能。根据资金收支日排程，智能分析并自动制定合并支付、配票支付、分次支付、延期支付等省级集中智慧支付策略，在资金付款初始排程的基础上形成二次排程，推动滚动排程优化。

3）按日排程配比支付。各单位提报月度预算及支付申请后，系统根据嵌入规则自动进行排程。以周为单位锁定排程周期，按"T+7"周期自动获取预算池、配比池、转账签名等各类排程状态数据，按"日排程"控制配比支付，建立滚动资金预算，以月、周、日三个周期，将月度预算细化至周、日（见图 6-28）。

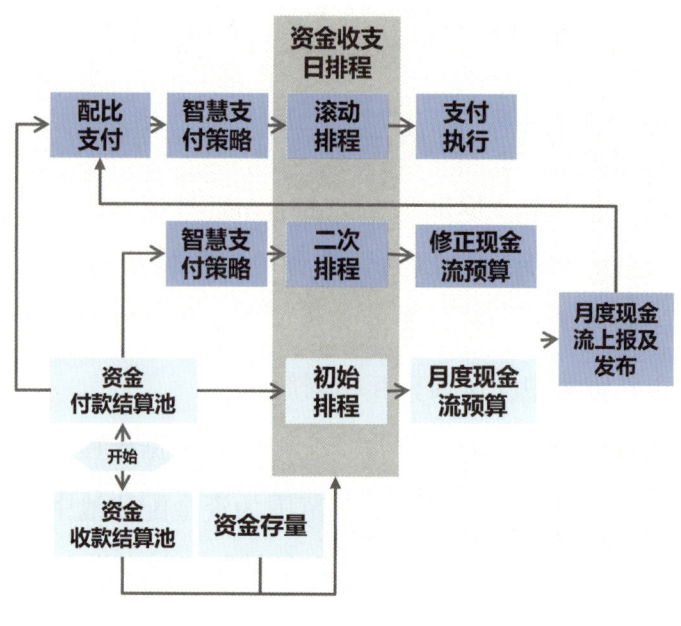

图 6-28　日排程优化示意图

> **应用四　开展数字人民币结算,创新拓展资金结算渠道**

数字人民币是中国人民银行发行和中心化管理、国家信用支撑的数字形式的法定货币,具有无限法偿性。数字人民币具有匿名、可追溯、不可篡改特点。数字人民币结算不产生手续费,可节约大量结算成本;与传统的银行账户"T+1"结算周期相比,数字人民币实施"T+0"结算,结算效率更高。2019 年 12 月,国家启动了数字人民币试点,江苏苏州是首批试点的 4 个城市之一。

国网江苏电力在苏州地区探索实践数字人民币的相关应用,积极对接地方政府、商业银行和数字人民币运营机构,率先实现了使用数字人民币收取电费、数字人民币电费实时结算等应用场景落地,进一步简化了电费业务流程,有效提升了电费结算的实时精度,为提升电网核心业务竞争力、支撑公司更好地履行央企责任、助力数字经济发展打造了创新实践样板。

（1）使用数字人民币收取电费

国网江苏电力"三步走"实现数字人民币收取电费。

第一阶段，在未开通数字钱包的情况下，采用用户扫描银行方提供的静态二维码的方式，在苏州相城区嘉元路供电营业厅完成了全国首笔数字人民币电费缴纳，迈出了使用数字人民币收取电费的第一步（见图6-29）。

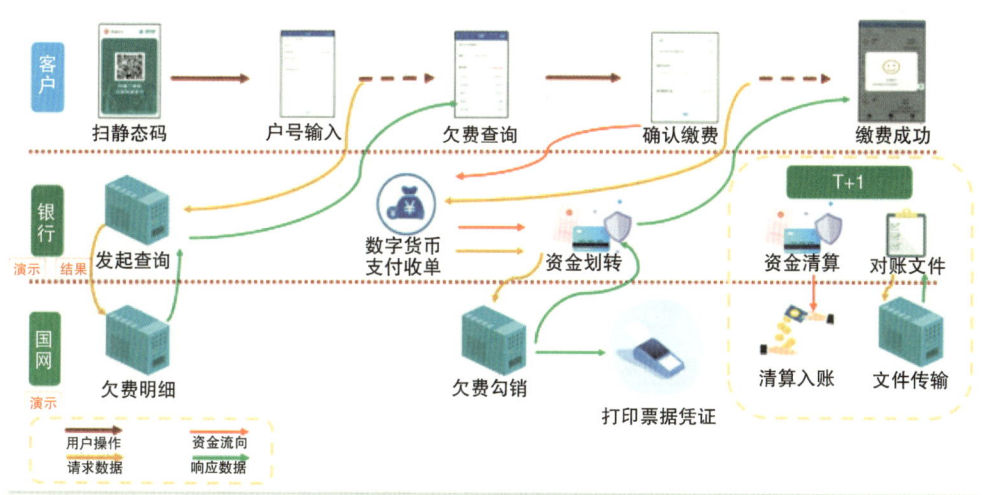

图6-29 未开通数字钱包的数字人民币电费结算流程示意图

第二阶段，将国网江苏省电力有限公司苏州供电分公司纳入央行数字人民币试点白名单，开通数字人民币电子钱包，用于对数字人民币进行收取、支付、管理。在此基础上对原收费接口进行改造，实现了用户直接将数字人民币交到公司数字钱包账户，实现了资金"T+0实时到账"（见图6-30）。

第三阶段，梳理相关业务流程，对财务、营销等信息系统进行升级改造，将数字人民币收费渠道成功嵌入线下营销网点服务体系，实现电费收费、数据对账、数币解款、资金勾对等全业务流程自动处理，真正形成了数字人民币收费的链路闭环，解决了如何"利用数字人民币提高工作效率"的问题（见图 6-31）。

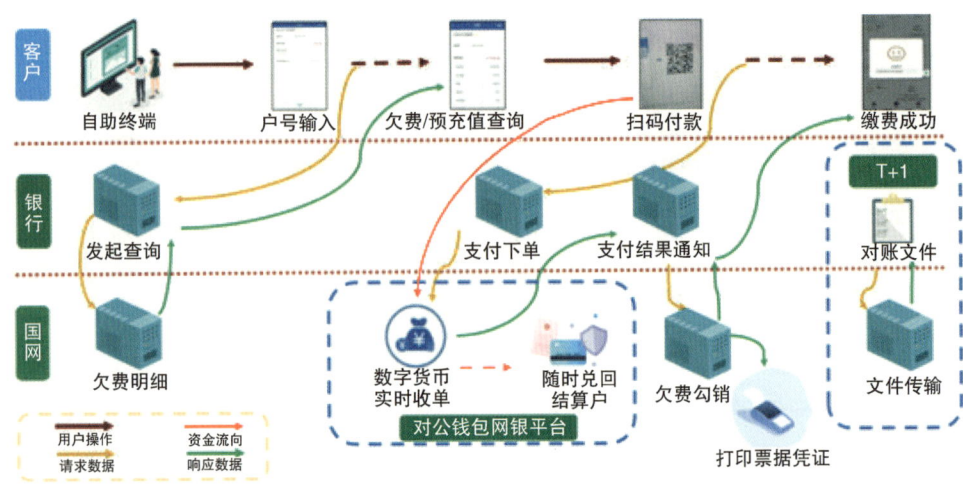

图 6-30　开通数字钱包后的数字人民币电费结算流程示意图

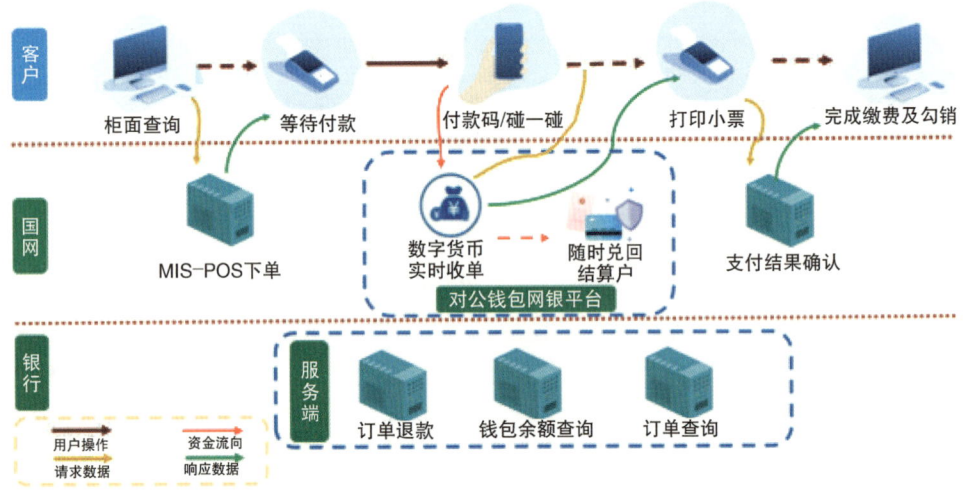

图 6-31　营财系统改造后的数字人民币电费结算流程示意图

（2）数字人民币电费实时结算

在试点实现数字人民币收取电费的基础上，国网江苏电力研发了集计量、计费、结算为一体的智能表箱，基于边缘代理计算，增设电费实时计算模块，国内首次实现用户通过自家智能表箱，用数字钱包按日自动结算、缴纳电费。

国网江苏电力还与苏州市数字金融研究中心、高铁新城数字金融发展局、建设银行苏州分行等外部单位加深合作，对设置在相城高铁新城便民服务中心的"网上国网"云终端进行优化升级，增加"数字人民币"模块，实现电费充值、欠费补缴以及客户基本信息查询功能，全面支持数字人民币本地及跨省结算。

国网江苏电力及时总结数字人民币在电费收取、结算应用领域的实践经验，逐步拓展、深化数字人民币的应用研究，加强相关配套技术的攻关，持续拓展数字人民币在业务收费、费用报销、光伏结算、物资采购、备用金管理等领域的关联应用，打通数字人民币从收支、信息传递到核算的各个通道；探索数字人民币向产业链多领域的渗透融合，携手更多企业与合作伙伴积极推进数字人民币在数字金融方面的发展，提升利用数字人民币对公众的多元化服务能力，为未来数字人民币的大规模使用提前布局。

5. 资本运营

> **应用一　完善股权项目管理体系，实现资本运作全过程闭环管控**

随着系统外部资本引入力度的加大，国网江苏电力股权投资规模逐年上升，资本运作的重心由"产权管理"逐渐调整为"股权项目管理"，股权项目信息传递不及时、预算审核依据不充分、资产评估备案数字化程度不足、档案管理不统一、项目后评价未开展等问题逐步凸显，系统内外部数据协同共享需求不断增强，亟待增强线上管控能力，支撑资本运作的闭环管理。

公司首先厘清股权项目"事前—事中—事后"的管理流程、管控要求和管理重点，构建包括事前统筹、事中监督与事后评价的股权项目全过程线上闭环管理体系，加强对股权投资、增资扩股、股权转让、股权划转、终止清算等各类项目的管理，实现资本运作管理由事后登记向全程监控、由台账记录向辅助决策的转变。

在事前统筹环节，以项目遴选信息为基础，完善项目预算配置流程，提升填报准确率，强化股权项目的投资预算管理；在事中监督环节，实现项目线上管理，并以股权运营数据为基础，实现月度报表与决算报表自动取数、核算凭证自动生成，减少手动填报误差，增强公司对被投资方项目实施及运营过程的管控；在事后评价环节，以项目内外部全量数据为基础，从宏观及微观层面科学评价项目的进展及成效，为管理决策提供量化支撑（见图6-32）。

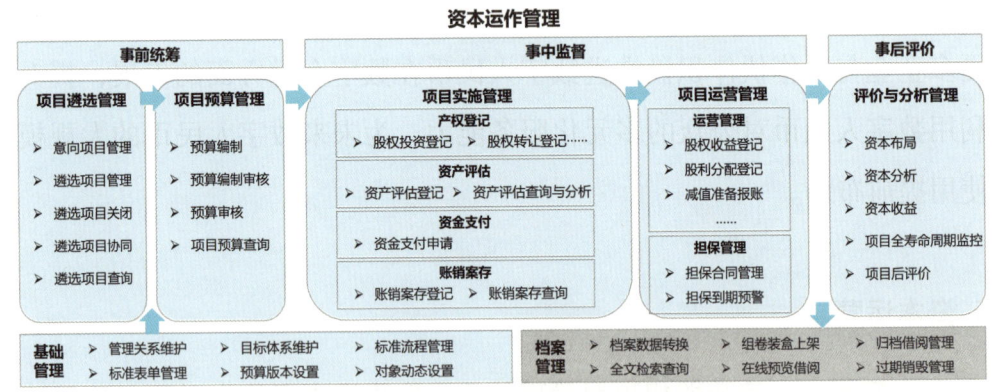

图 6-32 股权项目全过程闭环管理体系

（1）事前统筹环节

为充分保障资本运作本质目标的实现，国网江苏电力主要通过遴选管理与预算管理推动股权项目的事前统筹工作。遴选管理方面，按照"逐级择优、滚动递补"的原则，建立股权项目意向库与遴选库，强化股权项目意向管理与遴选方向把控能力，及时剔除不符合管理要求与规划方向的项目，保留优质项目，为下一步配置项目计划与预算奠定基础；预算管理方面，以股权项目数据为基础，实现预算精准填报，建立动态调整机制，强化预算在线管控。

> 遴选管理

1）筛选意向项目。国网江苏电力各级单位项目发起部门确定意向、填报项目基本信息并逐级上报后，系统依托内、外部股东基本信息，首先根据预设规则对各级单位提报意向项目中的被投资方股东进行筛选，自动过滤不符合条件的被投资企业，再根据负面清单数据进行判断，初步筛选意向项目，大大降低了后续人工审核的工作量及工作难度。其次，公司同步建立线上数据完善及查询机制，管理者可在意向库中对需要开展项目详评的意向项目进行信息完善，同时上传可行性研究报告及评审材料等文件，系统自动归集各类材料至档案管理模块，形成线上档案库。若同一资本运营事项涉及系统内多家股东，系统通过协同规则自动派发项目信息卡，由大股东统一发起、变更、打包提报，并由相关单位线上确认，实现同一事项统一口径对上级上报，简化操作流程，提升数据准确性，提高人工复核效率。

2）开展项目遴选。国网江苏电力积极推动股权项目遴选机制常态化运作，结合系统内外部专家意见，构建项目遴选评价模型，从项目合规性、可行性、经济性与风险性等维度开展形式及内容审查，实现从源头入手，压实资本运营项目的提报责任，确保资本的投入效益。

在项目合规性方面，系统首先依据由专家组设置的重点关注合规评价准则对部分结构化指标直接给出评判，对于"是否满足国资委方面清单要求""是否满足国家电网公司对法人户数的要求"等需要人为给出意见的，由系统外部专家评审后得出审核结论，系统模型根据预设规则自动剔除不合规项目。

在项目可行性方面，遴选评价模型采取逻辑赋值法。首先，由系统对部分结构化指标直接给出评分；其次，对于"公司投资战略契合程度""社会资本参与程度""服务公用事业"等需要人为给出意见的，由内外部专家在线对基本指标给出"优先可行""可行性较高""可行性较低""不可行"等评价,再由系统根据预设逻辑对指标赋值;最后,系统自动剔除综合可行性低、重要标准不达标的项目,并推送到专家评审组进行评审,最终得出可行性评审结果,为项目可行性报告的编制及出具提供量化依据。

在经济性及风险性方面,遴选评价模型采取优选排序法。首先,专家组设置投资回报、资金利用效率、经济效益、项目风险可控程度、质量保障程度等经济与风险指标;其次,系统自动对历史股权项目数据、指标进行回归分析,并结合专家组的复核意见,确定各指标在模型中的权重值;在进行经济性及风险性分析时,系统自动计算相关指标值,加权评分后确定项目的综合排序,为股权投资决策提供数据支撑。

同时,公司根据历史评价结果及专家评审意见,利用数据模型,分类统计归纳,积累形成股权项目遴选指标及评审意见库;在开展项目各维度评审时,通过大数据分析研判,智能推送往期评审项目数据及意见,为专家评审决策提供辅助支撑。

> 预算管理

股权项目预算管理是把控资本投向、调整资本布局、统筹资本管理的重要抓手。国网江苏电力以项目遴选结果为主要依据,按股权项目预算所涉及的类型,将项目分为股权投资预算、股权处置预算、增资扩股预算与投资收益预算。在年度预算、年度调整的基础上,建立股权项目预算动态调整机制,提升响应速度和预算零星调整方式,从而保证预算的准确性与时效性。

(2)事中监督环节

股权投资业务利益相关方的复杂性程度较高,在实施与运营过程中易受内外部不确定因素影响,国网江苏电力加强公司内外部的数据联动，强化股权投资过程的运营管理与风险管理。

在运营管理方面，对于被投资企业，公司基于项目协议与合作约定，依托数据中台集成被投资方的运营数据，对其重大采购、生产及销售等经营过程实时监控，通过大数据等数字化手段开展定量为主、定性为辅的分析预测，提升对被投资企业的运营管控能力；作为投资企业，公司通过固化系统逻辑、重构系统功能，利用项目实施与运营数据，实现不同核算方法下股权投资账面余额、减值准备、权益调整、资本公积及留存收益转增资本的业务线上处理，将项目范围、进度与资本效益相结合，持续关注项目进展与投入产出，提升管理效率。

在风险管理方面，预设风险指标、建立应收红利与实收红利的预实对比预警机制，依据线上同步数据，实现外部单位股权投资收益业务的信息协同与实时预警，并利用大数据分析技术对历史同类型项目的同类指标进行类比评价，防范潜在风险；同时建立突发状况预警及处理机制，以应对在股权投资过程中由于不可抗力等突发状况而产生的相应风险，进一步增强风险管理能力。

（3）事后评价环节

股权项目投资后评价，既是对原有投资决策的重新检视，又是对投资项目发展前景的再评估，亦是对投资全过程管理的总结与分析。国网江苏电力通过投资整体评价和项目级评价⊖，多维度反映项目投资效果、实施影响与可持续发展能力，为推进投资布局、提升股权项目管控能力提供有力支撑。

1）投资整体评价。国网江苏电力利用系统自动抓取各投资单位偿债、成长和盈利能力等指标，开展趋势比较，结合可视化评价信息自动出具评价结果报告，确保投资收益动态可控，辅助股权投资的决策分析（见图 6-33）。

⊖ 整体评价是对各单位投资项目整体的评价，项目级评价是对各单位单个股权项目投资情况的评价。

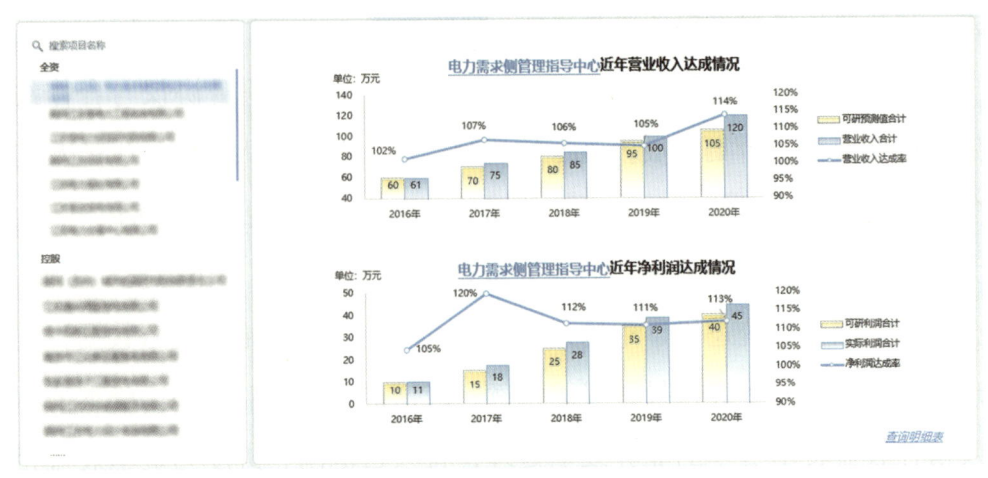

图 6-33　全省全资单位股权项目评价

2）投资项目级评价。国网江苏电力根据预设评价指标和标准，对各单位已完成的股权投资项目开展投资效果、项目影响等评价，由系统根据评价指标及权重、评分系数、评分规则自动出具评价结果与报告，便于对不良项目进行结果通报与整改监督，促进审慎精准投资与策略优化调整。在项目投资效果方面，系统自动对项目盈利性、盈亏平衡能力、清偿能力进行相应分析，计算项目实施后的总投资收益率、资本金净利润、净现值、流动比率等指标，同时对比预期目标，自动分离出差异较大的指标，并结合历史信息给出主要的差异原因，推送专家分析指标复核与确认；在项目投资影响方面，系统设置有关被投资方、供应商等外部数据评价指标，分析项目实施对被投资企业在员工配置、市场品牌、产业结构及技术产生等方面的影响，为公司管理层综合评价投资目的、验证投资结果与战略目标的契合程度提供量化依据。

➢ 应用二　依托供应链生态建设，提升金融服务能力

为贯彻落实习近平总书记"畅通产业循环、市场循环、经济社会循环"的重要指示精神，响应国家电网公司产融协同创新发展和转型升级

的战略布局，国网江苏电力积极参与"电e金服"建设，依托平台发挥产业链龙头作用，汇聚自身数据资源优势，帮助产业链上下游企业，特别是民营企业、中小微企业获取更经济、更便捷的金融服务。

（1）依托金融合作，提升产业链融资效率

保理业务是为产业链上下游提供综合金融服务的代表性业务之一。为提升产业链融资效率，国网江苏电力依托"电e金服"平台，利用数据中台，实现企业、政府、银行、服务商等多方数据的互通互联，将"电e金服"中的确权与账户变更环节紧密耦合到保理业务的线上办理全流程中，供应链上下游企业在"电e金服"线上提交融资申请后，由公司完成线上确权与账户监管，同时由国网英大集团等保理公司在保理业务系统完成流程处理，避免了线下办理的烦琐手续，减少了线下沟通成本，提升了保理业务的办理效率，实现融资企业、电网企业、保理公司三方线上业务贯通。

（2）依托数据合作，实现产业链生态共赢

依托"电e金服"平台，国网江苏电力通过大数据、云计算等数字化技术，综合利用渠道、资信、供应商、用户等数据资源，探索产业链资金流、物流、商流与信息流的融合统一。公司凭借自身企业的信用优势，依据使用电量、电费回收等数据对产业链各参与主体进行整体信用评级，通过构建用户画像，利用大数据分析技术对各类数据进行多维度整合，形成用户用电行为、用电价值及用电情况的综合评估，智能分析用户需求，向用户定向推送"电e贷""电e票""电e盈"等多种贷款业务与金融产品，让融资贷款等金融服务惠及供应链上更多的小微企业，推动优质资信传导，实现信用在整个链条上的流转和共享（见图6-34）。

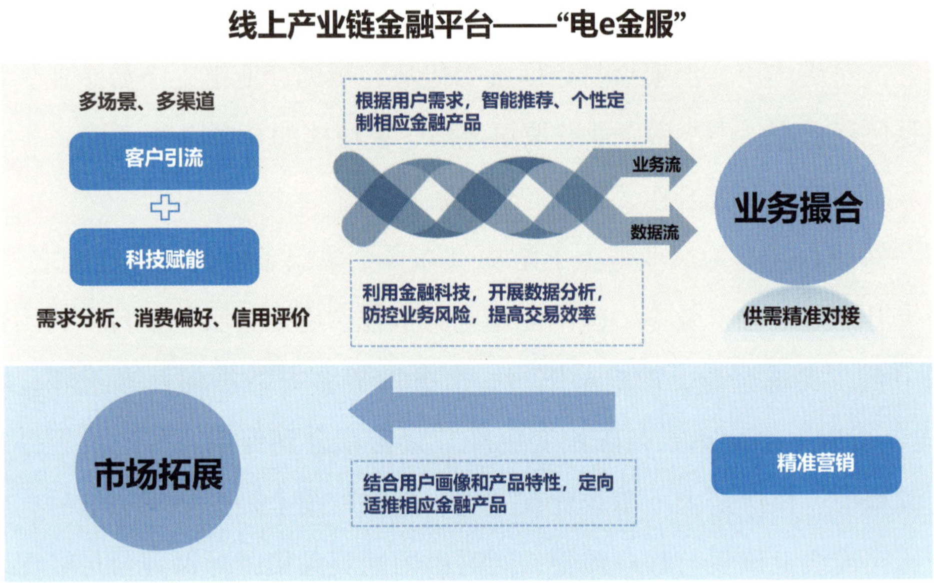

线上产业链金融平台——"电e金服"

多场景、多渠道
客户引流
＋
科技赋能
需求分析、消费偏好、信用评价

根据用户需求，智能推荐、个性定制相应金融产品

业务流
数据流

利用金融科技，开展数据分析，防控业务风险，提高交易效率

业务撮合
供需精准对接

市场拓展

结合用户画像和产品特性，定向适推相应金融产品

精准营销

图 6-34　金融产品定向推送

> ➢ 应用三　打造资源互利服务，开拓运营发展空间

电网企业拥有数量庞大的变电站、杆塔等固定资产，具有供电可靠、站址广泛、安全稳定等优势，在地理位置方面能满足通信运营企业的网络布局及用户流量需求，为资源共享提供了有利条件。国网江苏电力依托自身优势，加快开展变电站"多站"融合、"配电房+5G"共享机房、电力杆塔与5G数据中心共享等资源互利服务，通过各类单体式的生态业务拓宽企业价值空间。

（1）变电站"多站"融合

变电站具有点多面广、数量众多、贴近用户等特点，可依托站内空间、电力等资源，实现充电站、5G基站、数据中心站等"多站"融合。2019年9月，国网江苏电力首个多站融合综合站点——无锡220千伏红旗变电站投入运行，充分利用变电站的土地资源建立电动汽车充电站，一定程度上满足了该区域电动汽车的充电需求；与中国移动携手合作，将变电站作为5G基站，节约数万元的选址费用；与腾讯等多家互联网

企业、运营商及视频服务商围绕边缘计算核心应用场景形成共享战略合作，"变身"为互联网数据即时处理站[1]。

（2）"配电房+5G"共享机房

国网江苏电力进一步创新配电房商业模式，探索由单个站址空间出租转为空间、机柜、沟道、光缆等打包出租的模式，为电信运营企业提供"拎包入住"配套服务，帮助降低机房设备的整体购置成本。截至2022年2月底，公司"配电房+5G"共享机房已推广到13个地级市。目前，公司已经与电信运营商签署4100余份"配电房+5G"共建共享合作协议，250多个配电房实现了"配电房+5G"共享[2]。

（3）电力杆塔与5G数据中心共享

国网江苏电力在电力杆塔上加装5G通信基站的基础上，创新开展电力杆塔与5G数据中心的资源共享。直接在电力杆塔下方部署5G数据中心站，不仅省去了在建设初期征地的时间，还为基站的报装接电提供"零上门、零审批、零投资"的三零服务，建设周期缩短了37天。同时，中心站直接建在电力杆塔正下方，平均能节省征地成本5万元。2020年7月9日，110千伏常于964线3号杆塔上的5G基站与部署在杆塔正下方的数据中心站调试完毕，标志着江苏省内首次实现电力杆塔与5G数据中心的资源共享[3]。

6. 资产管理

> 应用一　应用资产状态监控及电子签章，实现资产退役管理自动高效

在资产退役阶段，一方面由于资产规模、地理位置等因素，存在资

---

[1] 资料来源：《国家电网报》。
[2] 资料来源：《国家电网报》。
[3] 资料来源：电网头条客户端。

产状态监控不准确、退役设备发现不及时的问题;另一方面由于传统的固定资产报废工作过程中无法及时、全面上传佐证材料,下一步审批环节的查阅效率低,且在审批流程结束后,需要基层业务人员从班组、县公司直至省公司逐级协调线下盖章,涉及多个线下审批流程及流转点,既烦琐又影响业务的时效性(见图6-35)。

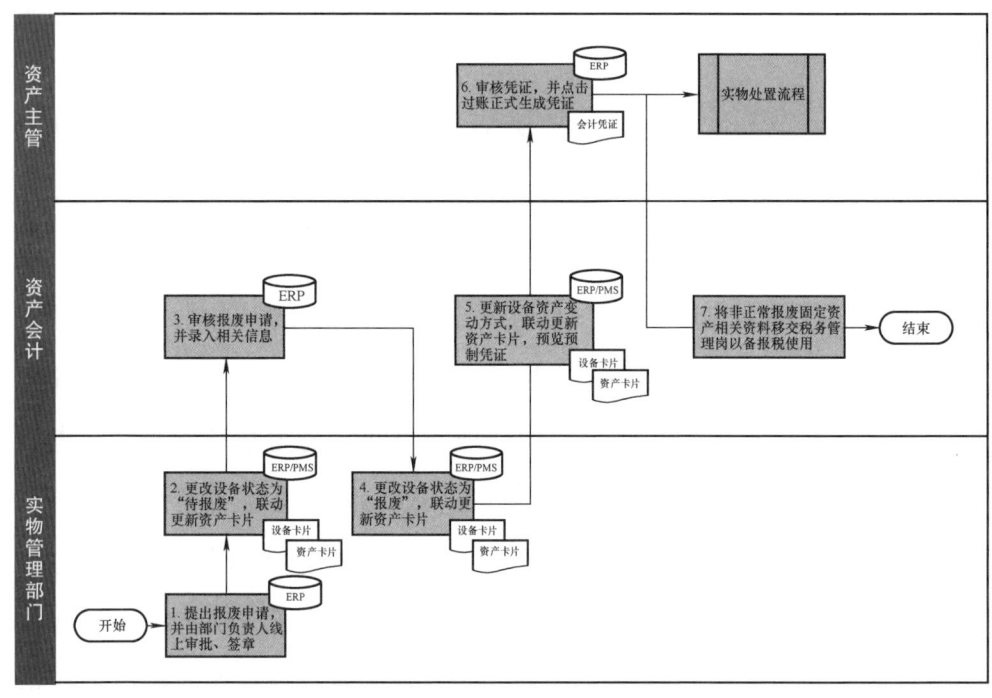

图 6-35 资产退役流程简图

1)电量监控资产退役业务。针对配电资产分布广、变动快、管理难度大的实际情况,国网江苏电力财务部协同营销部门开展配变电量与资产一体化平台建设,创新设计出"以电量管理资产"的模式,通过采集电量与资产运行信息,自动分析资产的状态变化。例如,对于现场在运的配变,根据设计电量监控规则,连续3天未采集到信号的,说明设备可能未正常运行,将自动触发待办提醒,经审核符合报废条件的,开展业务与财务的退役报废等待办事项审批,防止出现实物管理与价值管理脱节导致的账卡物不一致问题。

2)电子签章替代人工盖章。公司通过建立资产设备调拨、退役计划线上闭环管理机制,优化退役设备的技术鉴定流程,实现固定资产报废工作过程中佐证材料在线流转,并利用电子签章等技术,在流程结束后自动显示各单位或部门的电子签章,直接打印签章件。这改变了原来人工报送单据、人工签字盖章、人工审核制证的传统模式,有效地节省了管理成本,提升了工作效率(见图 6-36)。

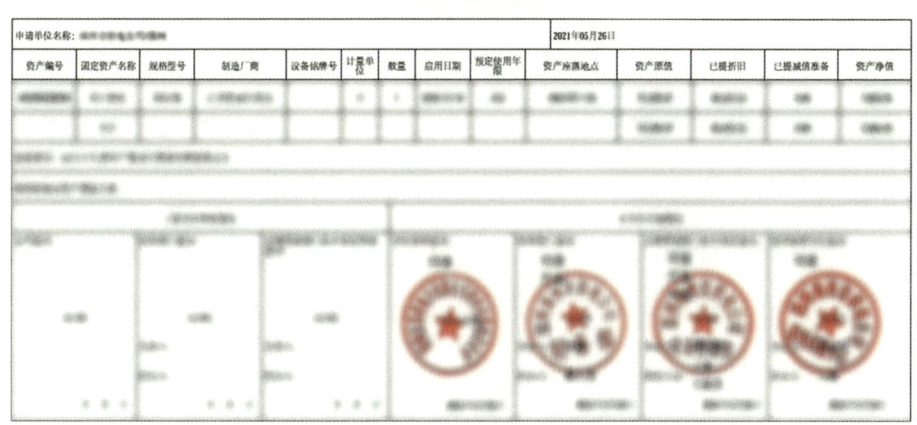

图 6-36　固定资产报废审批表

> **应用二　灵活应用数智技术,实现资产运行全方位动态跟踪**

在资产运行阶段,由于设备资产数量庞大,分布广泛,传统的人工现场盘点与核验既耗费大量的人力物力,又缺乏足够的时效性。国网江苏电力通过无人机巡检、智能巡检机器人、实物 ID 等技术,实现价值信息与实物数据共享融合及综合应用;并在此基础上,深入探索管理方式与模式的创新,升级资产盘点方式。

1)价值信息与实物数据共享融合。公司通过将检修部门巡检建模任务与建设部门项目里程碑计划、财务部门价值核算信息相结合，利用现有无人机巡检技术成功打造了业财共享的"输电线路全息价值地图"（见图6-37）。地图建成后，公司财务部按照本年输电线路工程项目清单和项目里程碑计划，及时通知运维单位补充、更新三维地图数据，对线路新建、开环及时完成项目转资、线路信息调整，有效推进资产全寿命周期范围内电网实物与价值数据的有效衔接共享。

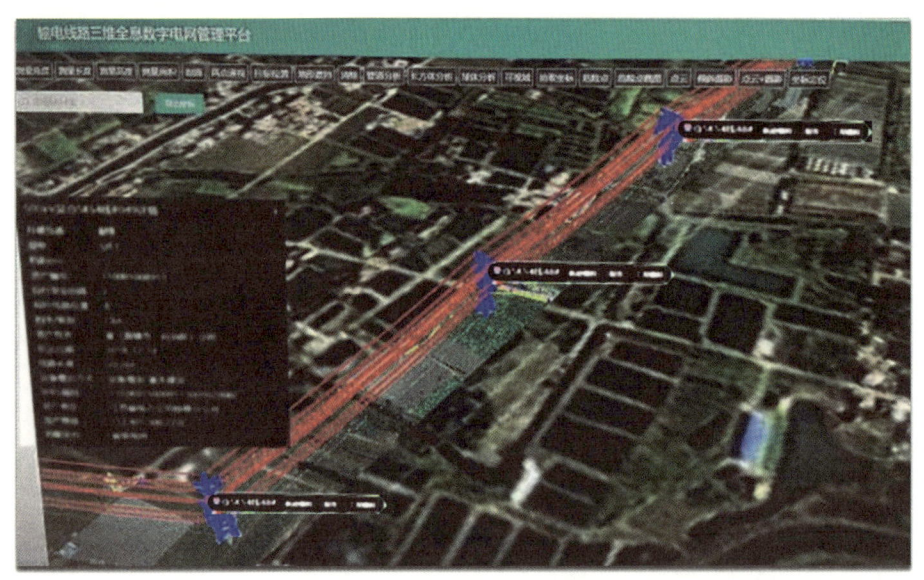

图6-37　输电线路全息价值地图

公司开发的"变电站三维实景交互式培训系统"（见图6-38）以淮安220千伏艾口变电站为原型，通过现场三维高精度扫描建模，实现变电站室内外一、二次设备进行实景立体显示。按照从220千伏进线到110千伏、10千伏出线的总体顺序，依次介绍压变、避雷器、隔离开关、断路器、流变等各类资产，每个资产均匹配了对应的资产编码、物料编码、建卡要求、设备简介等数据信息。实现在虚拟变电站内走动、查看设备构成、查看电气连接等功能，辅助智能导游、AI讲解功能，帮助资产管理人员更好地了解变电站的基本组成，解决新上岗人员不了解现场实物的难题，推动财务资产管理融入企业战略、融入前端业务。

图 6-38　变电站三维实景交互式培训系统

2）创新资产盘点方式。以往财务人员进入变电站进行盘点工作，考虑到安全性和专业限制，通常需要变电站运维人员陪同，加大了人力资源耗用；如遇到实物 ID 码张贴位置较高的情况，还要投入更多的人力协助。

公司通过无人机搭载三维激光雷达的方式，逐条扫描盘点公司电网 500 千伏及以上架空输电线路；同时利用室外轮式、室内轨道式两种智能巡检机器人，研发设计资产盘点模式。机器人在开展巡检运维任务的同时能够扫描识别设备上的实物 ID，获取设备信息，并且能准确识别距地面 15 米高的实物 ID 码，识别准确率达 99% 以上，较人工盘点误差更小，从而有效解决以往盘点工作地理面积大、站点分布散、盘点成本高等难题（见图 6-39、图 6-40）。

 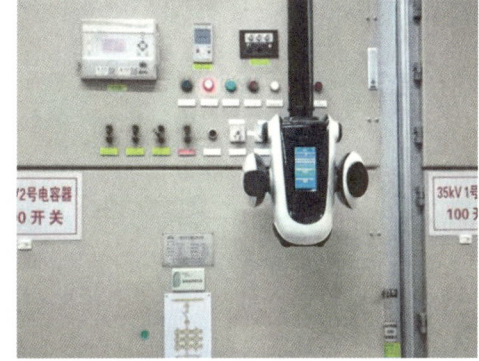

图 6-39　智能巡检机器人

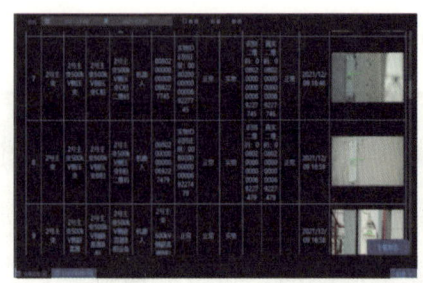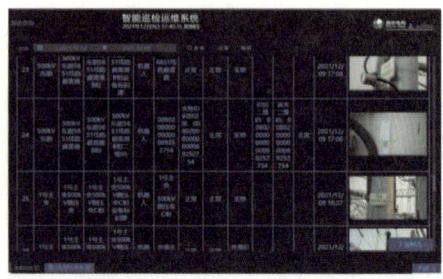

图 6-40　智能巡检运维系统

> **应用三　深度分析评价资产数据，有效支撑经营决策**

为实现对资产的整体把控，国网江苏电力依托数据中台，利用运行过程中的数据，综合开展资产规模、资产核价以及资产折旧三大方面的分析评价，从归属单位、资产类型、电压等级等多种维度动态掌控运行过程中资产规模、有效资产以及折旧率的变动情况，为资产管理决策提供直观的量化依据。

在资产规模方面，依托全省输电线路、变电站和大馈线的资产原值和数量，对期初、期末原值等价值指标按单位维度进行对比分析；同时从资本性项目投资预算和转资视角对增量资产规模进行分析，并就土地、房屋等类型分别分析展示不动产情况，辅助管理者从多维度、多视角来快速掌握电网资产状况（见图 6-41）。

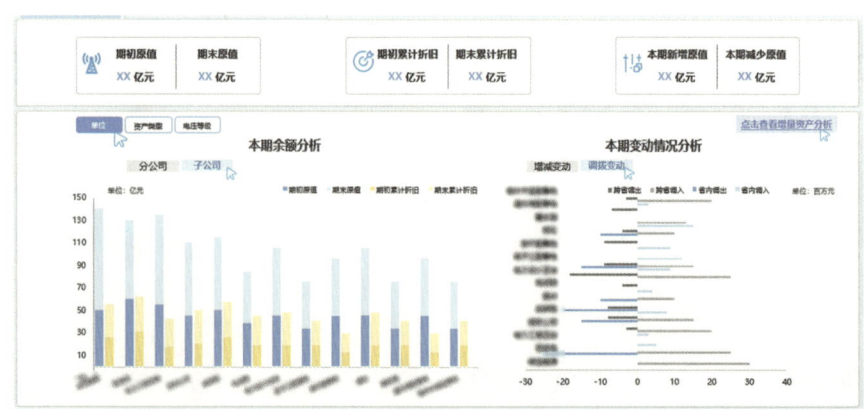

图 6-41　资产规模变动分析

在资产核价方面，主要从单位、资产类别、电压等级等维度分析展示有效资产、逾龄资产、用户资产的原值、净值、本期计提折旧等关键核价指标，推动公司的资产核价管理更好地适应内外部监管政策（见图6-42）。

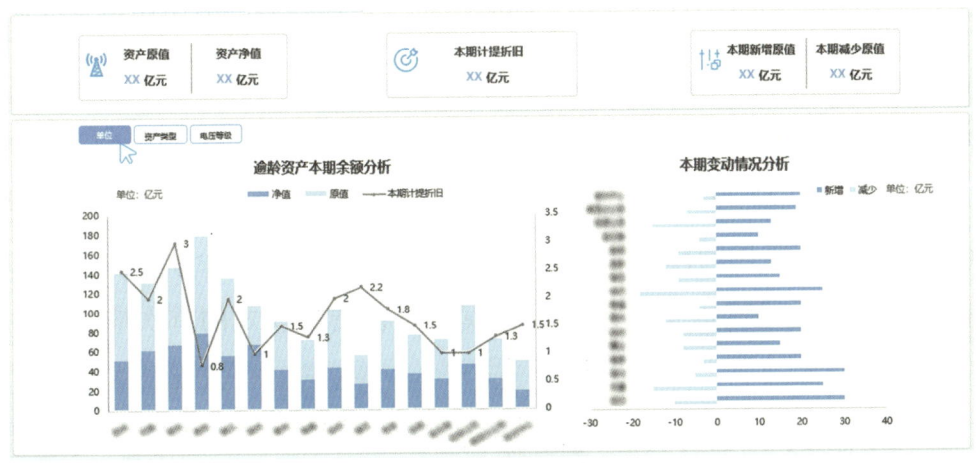

图6-42　逾龄资产变动分析

在资产折旧方面，主要对资产折旧率和综合折旧率进行分析，进一步对实际折旧率和定价折旧率进行预测分析，辅助管理者直观了解资产折旧的总体情况，为固定资产定价折旧、输配电准许成本的核定提供数据参考与分析支撑（见图6-43）。

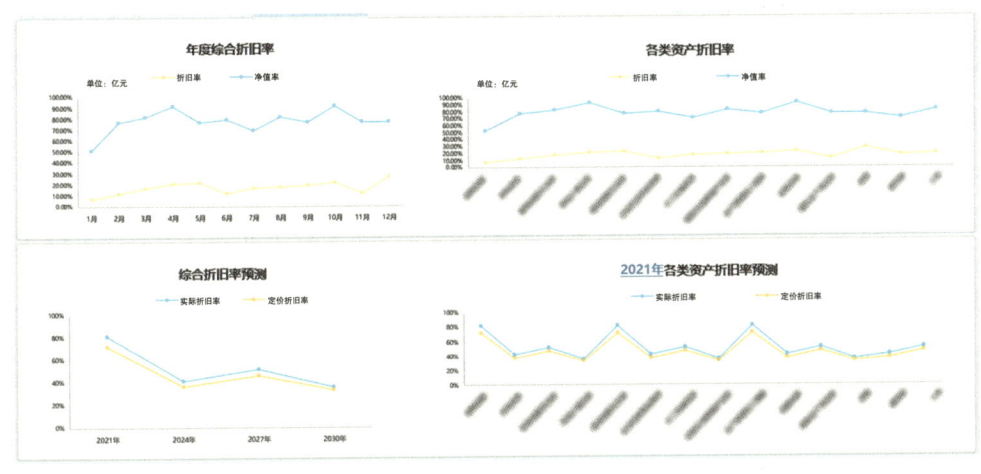

图6-43　资产折旧分析预测

> **应用四　开发资产租赁管控系统，实现资产租赁业务全面线上管理**

为积极践行企业社会责任、切实助力优化营商环境，国网江苏电力开发资产租赁模式，协助有需要的企业尤其是中小企业解决业务和资金困难，主动承担央企社会责任。同时，对于租赁资产，公司积极尝试推行数字化管理，对于出租资产实现实时化账务管控，确保出租资产账务管理的准确性与规范性，切实维护国有资产安全。

2021年7月29日，"全电共享"电力设备租赁服务在苏州正式面向社会推出，这是国网江苏电力优化电力营商环境，助力企业减负增效的有力举措，也是国内正式用电设备模块化租赁新模式的首次应用（见图6-44）。

"全电共享"电力设备模块化租赁服务，就是事先将变压器等配电设备进行标准化预制，客户根据需求，可选择租用相关模块并进行组装施工，过去

图6-44　"全电共享"电力设备模块化租赁服务实拍图

"项目等电"就转化成"电等项目"。通过"以租代购"和"模块化预制"相结合的方式，客户还能根据实际生产需求随时续租、退租，实现自由增减供电容量，同时还能享受供电公司提供的设备维护保养等增值服务。

一般情况下，客户正式用电所需的变压器等电力设施，只能通过现场采购的方式实现。"全电共享"设备租赁模式可为资金困难的小微企业、电量波动大的外贸企业、成果孵化周期长的科创企业等，提供有效的解决方案，对于提升企业发展信心，盘活市场基本面具有积极作用。

目前，国网江苏电力"全电共享"模式在苏州地区试点应用已涵盖

制造业、纺织业、仓储业、商业、公共设施等领域，签订设备租赁合同59家、送电22家，形成了可复制推广的典型经验和实际案例。在电力人的用情服务下，江苏企业用电将更加省心、省时、省钱、省力。与此同时，公司建立了规范的租赁资产财务管理模式，实现了对租出资产的数字化记录管理，确保租出资产的高质量管理，切实维护国有资产安全。

> **应用五　围绕资产价值分析，实现公司整体价值创造能力提升**

电网企业按照"变电站—线路—配变—台区用户"的电力输送潮流链路，基于网状拓扑结构，投入了海量的设备资产。在以往电网企业的管理实践中，囿于电网资产网状经济难以精准拆分的特点，对于电网资源配置的经济效益分析仅停留在"市县"的组织单位整体层面，无法实现对单个配置行为的精确定位分析，企业日益增强的精细化资源配置需要和实际管理颗粒度不匹配的矛盾逐渐显现。

随着价值分析体系的构建，国网江苏电力克服了电网资产由于物理分散产生的难以按价值创造内在规律实施管理的不足。各类电网资产设备作为数据集成载体，集成了海量公司的内外部数据信息，成为公司价值管控的基本单元（即资产单元），为资源配置和管理研究奠定了坚实的基础。以各类资产为实践抓手，将技术、安全、经济、服务等各专业打通，打破专业条块分割，统一业务和财务对于价值创造这一过程的理解和管理。

资产单元的价值细化应用主要体现在以下几个方面。

场景应用1：分指标分层规划投入程度，提升资源配置的协调性

在构建资产单元体系的过程中，将全部电网生产要素按照"变电站—中压线路—配变—台区"划分为不同层级。在此基础上，对资产单元开展分级效益比对，分别洞悉各个层级资产单元的发展情况，确认发展短板，结合技术服务指标和发展趋势指标分析，合理确定投资方向（见图6-45）。

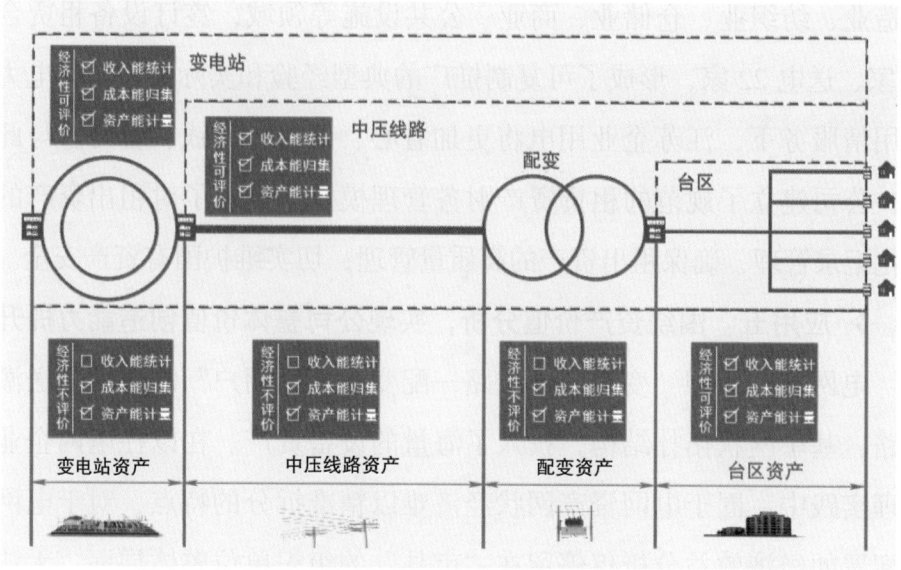

图 6-45 电网分层资产单元示意图

根据层级划分的实际情况，通过单项指标对每个层级的效益进行比对分析。可选指标包含技术服务类和发展趋势类：技术服务类指标如"电压合格率"指标（用以反映供电安全性）、"供电可靠率"指标（用以反映供电可靠性）；发展趋势类指标如"电量增长率"（用以反映未来业务价值的成长性）。

通过对每个层级的价值创造能力进行分析判断，根据分析结果确定不同层级不同投资方向对资源的分配程度，避免单个层级过度投资或简单的平均分配资源，确保"好钢用在刀刃上"。同时由于不同层级资产单元间存在包含关系，在分级进行资源配置的过程中并非独立判断，而是由面到点，逐渐细化。通过不同层级资产单元经济、技术指标评价比对功能，解决不同电压等级、不同资产投资评价的协调性问题。

场景应用 2：多指标地图组合规划分析，提升资源配置的合理性

针对资产单元，除了开展单个指标层面的分层分析洞察外，还采用多维度指标组合开展地图"四象限"分析。

对不同资产单元制定技术指标和经济指标以反映不同维度的价值实现能力；对特定地区特定层级内资产单元在空间地图上进行分类描绘，根据区域内资产单元在不同指标组合特性描述内的离散程度，反映该地区电网经营的实际情况。通过组合指标引导精准投资，实现所有资产单元运营效率空间全息展示，提升管理精度和管理效率，从决策源头确保国有资产保值增值和服务地方社会经济发展的双重责任的履行。

以户均电量和户均容量指标的组合分析。指标计算公式如下：

$$户均容量 = 变压器容量 / 用户数$$
$$户均电量 = 周期售电量 / 用户数$$

户均容量指标为技术性指标，反映区域内各电网台区所辖用户平均容量大小。如单从该指标出发，对户均容量较少的台区直接配置大容量变压器，虽然技术上可以直接快速提升该区域的电能容量，但可能导致电力资源过度超前，与地区用户需求脱节，不符合投资精益化管理需求，造成资源能力闲置浪费。在此基础上增加户均电量指标，为经济性指标，反映局部供电台区的直接价值贡献能力。

将两个维度的分析视角进行结合，对台区资源配置综合分析情况如下：

① 户均电量大、户均容量也大。该类台区资产单元电力资源保障已满足当前区域用户需求，仅需要适当关注电量高增长地区的电力持续保障，对该地区的资源配置应以持续保障为主，无须特意开展定向投资。

② 户均电量小、户均容量大。该类台区资产单元电力资源提前布局，远远满足当前区域用户需求。因此，此类台区中、短期内无须追加投资。

③ 户均电量大、户均容量小。该类台区资产单元电网资源已无法满足区域用户需求，应在短期内迅速加大投资，开展定向定点资源配置。

④ 户均电量小、户均容量也小。该类台区资产单元电网资源和用户需求基本平衡,且均处于较低水平,应根据用户需求变化和现场运行状况选择性合理投资。

场景应用3:通过储备地图分布分析,提升资源配置的科学性

通过将资源配置对应到资产单元,并在电网价值地图上进行展示,可以从区域电网角度分析预计未来投资的分布情况,从而实现对区域电网未来投资的宏观掌控。将对储备项目的管理转换成空间分布方式,能够有效判断项目的针对性,排查是否存在项目储备缺陷。通过价值地图进行分析,发现投资的空白点从而实现"储备一批→择优实施一批→再储备一批"的良性循环。

场景应用4:通过拓展资源配置审查范围,提升资源配置的有效性

在资产单元模式下,以资产单元为载体集成了大量业务、财务信息,决策对象从原先的项目转换为资产单元,为具体投资对象的选择提供了共识性标准。决策标准从原先的财务支出规范性拓展至项目支出对公司整体价值提升的必要性和贡献度,将相关项目评价标准从"规范性"拓展至"规范性、合理性、经济性和协调性",其中规范性评价由单一项目评审转换为资产单元当年所有储备项目的汇总评审,有效提升了成本性储备项目的审核力度,优化了大量成本资金投入,切实提高了公司创造价值的决策能力。

以成本性项目资源配置评价为例,根据公司业务部门提交的资源配置需求进行系统自动评价,展示评价结果,同时自动生成评价报告。采用资产单元进行项目审核之后,项目资源配置审核规则更加多维,综合考虑了项目的规范性、合理性、经济性以及协调性。在审核过程中,原先规范性指标审核为否决性指标,对不符合要求的资源配置行为进行驳回;其余指标为疑点性指标,对不符合要求的资源配置行为需要进行进

一步详细分析判断以评估资源配置是否仍适用（见图6-46）。

图 6-46 储备项目一键审核

① 规范性（否决性指标）。对年度成本性资源配置可研金额超过对应资产单元原值50%的，列示问题，对资源配置计划安排进行驳回。

② 合理性（疑点性指标）。一是资产单元投运三年以内（按PMS设备管理系统投运时间）即投入维修资金的项目提示复核；二是资产单元连续三年高强度投入后[①]仍在继续安排投入的，提示疑点。

③ 经济性（疑点性指标）。项目对应的资产单元上年单位资产售电量指标全地区五分位法为末位区间，且两年电量增长率出现负增长的，提示疑点。

④ 协调性（疑点性指标）。以配电线路资产单元为例，如线路主体有储备项目、下挂台区无储备项目，或线路主体无储备项目、下挂台区有储备项目的，提示疑点，提示运检部门进行电网协调性复核。

场景应用5：通过专项投资精准决策，提升资源专项配置的高效性

围绕针对设备故障或外力破坏开展的专项隐患治理，公司创新构建财产保险赔付分析"435"算法模型，对电网故障统计上报系统、保险

---

① 此处高强度是指对本区域内同类全部价值评价单元每年投资占原值比重进行排位，比重占比位于前20%。

管理信息系统、全口径预算管理模块、ERP项目管理模块四个系统内的数据进行区域、对比和聚类三类分析；对损失发生年度、出险地区、保险险种、事故原因、责任部门五类关键信息进行数据可视化分析；通过对出险地区、事故原因等开展数据分析，研究历史投资行为与隐患事件发生的相关性，科学、高效配置安全隐患治理投资（见图6-47）。

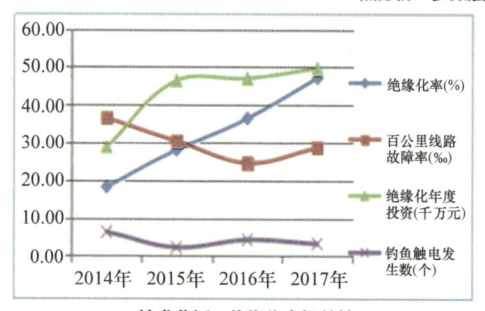
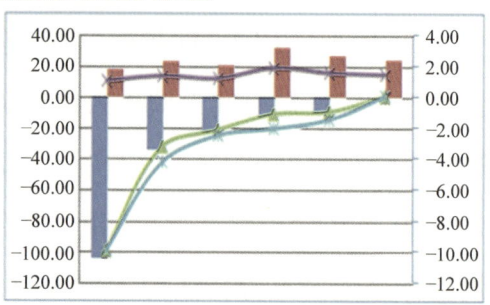

图6-47 保险案件专项大数据分析

利用大数据将历史保险案件对应到资产单元，在资产单元地图定位，分析整体案件高发区域和局部周边人文环境特征。从地区看，案件主要发生在运河沿线，主要集中于鱼塘、河道等聚集区，由此划分出安全管控区域和优先治理投资方向。

通过开展连续四年的绝缘化改造、警示牌安装等防触电投资的投入产出分析，发现个别资产单元在绝缘化水平提升的同时，案件仍时有发生。进一步结合现场勘查发现，个别设备主人在开展绝缘化改造时，优先实施了陆地部分，而河岸边开展绝缘化改造难度较大的区域未开展实施，或警示牌未安装在案件高发区域；虽然单个资产单元整体绝缘化指标提升，但关键部位隐患未能解决，依然发生了相关案件。

针对以上问题分析得出，在后续专项隐患治理投资时，需重点加强运河、河道、鱼塘等电网关键区域的绝缘化改造和警示牌安装力度，优化绝缘化改造，以切实压降保险案件。同时强化对运河、河道、鱼塘区域等潜在出险地区的保险资源支出，用更少、更精准的投资实现安全事件的有效控制。

场景应用6：以问题导向为资源配置决策方式，提升价值创造主动性

应用资产单元后，以资产单元为载体采集生产、营销、调度、财务等多维信息，构建投资智能辅助决策系统（见图6-48）。

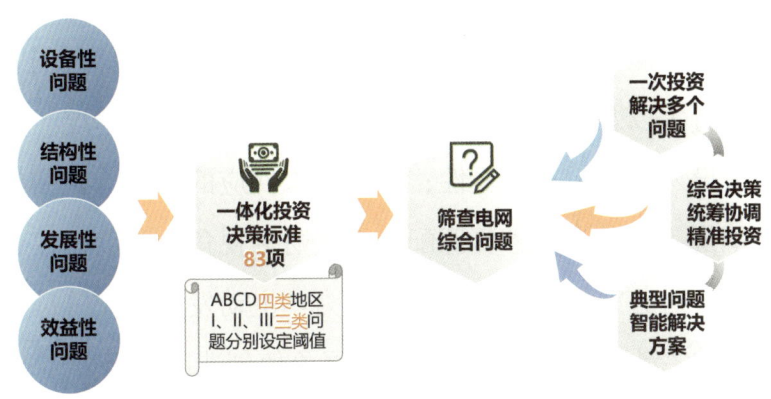

图6-48　投资智能辅助决策模式

① 将跨专业数据进行结构化整合，建立"基础数据库"。基础数据库从各类系统中集成信息，形成决策模块的"数据池"，具体包含分变电站、中压线路、配电变压器、台区等类别，抽取精确到电杆、线径、联络、供电半径等设备信息，以及电量信息、电费信息、负荷信息等。

② 根据电网安全、技术、经济、服务目标建立指标体系并合理设置阈值，形成"电网标准库"。标准库对指标的选取包含设备性、结构性、发展性和效益性四类。

③ 根据指标阈值自动从基础数据库中筛选查找电网存在的设备性、结构性、发展性、效益性问题，以问题为导向形成"电网问题库"。问题库由标准库与基础数据库进行比对后自动得出，所有问题单独编号，从问题和资产两个维度进行统计，并根据Ⅰ、Ⅱ、Ⅲ级进行问题优先级排序。问题库具备问题识别功能，将需要投资才能解决的问题和通过管理就能解决的问题予以区分。同时，针对问题通过地理位置、周边情况等自动提出智能辅助决策方案，支撑现场勘查。

根据问题库中列出的需要投资才能解决的问题，开展相应的资源配置工作，并实现资源配置与资产、问题等相关信息的关联。

按"问题指导资源配置"的方向进行应用。通过将本期资源配置行为与问题库中存储、识别的电网问题进行匹配，识别为针对同一类问题多次配置的行为以及对某方面问题尚未安排对口资源的情况。针对同一问题的多项投入，分析其必要性；对于尚未回应的问题，判断问题所属直接管辖单位，主动为业务资源配置提供财务视角的辅助建议，将原先各部门提报、财务审批的被动配置转化为"主动发掘、应筹尽筹"的主动配置，通过主动、科学配置，不断扩展价值创造的边界。

7. 工程财务管理

> **应用一　构建工程智慧竣工决算体系，全面提升工程管理质效**

企业的资产形成存在购置、建造、接受捐赠等诸多方式，国网江苏电力作为一家省级电网，由于行业自身特点，项目投资与工程建设形成的资产规模庞大、复杂多样,这直接影响输配电价核定等公司重大经营活动。而输配电价改革以来,电网企业面临更加严格的监管,加大电网投入和提升资产管理效率是电网企业的必然选择。

在资产形成阶段,公司创新建立工程智慧竣工决算体系,针对项目立项、项目建设、投运验收及暂估转资、工程结算、竣工决算及正式转资的五个业务环节,统一业务流程,明确部门职责,规范管理要求,设计实现方式,建立实物和价值管理规则标准,建立业财协同共享工作机制,实现工程成本智能归集、各类费用智能分摊、资产价值智能生成、竣工决算报表及决算审核报告智慧出具,全流程、全方位指导资产形成的过程管控。

(1) 固化系统规则

工程项目过程管理通常面临不同部门专业管理规范与标准的不统一问题,同时工程概算、物资采购、暂估决算数据来源于不同的业财系统,为实现从工程项目立项到正式转资各个环节的自动智能管控,国网江苏电力首先梳理了业财管理过程中的逻辑及流程,通过搭建项目管理 WBS 架构、建立"四码对应"规则与制定价值管理标准等三方面做法,固化了智慧竣工决算体系整体线上架构与规则,指导体系各环节的融合搭建与数据应用,为竣工决算体系贯穿各部门的运行奠定了底层逻辑基础(见图 6-49)。

1) 搭建项目管理 WBS 架构。按照项目分类和单体类型,公司建立了一套与《预算编制与计划规定》(简称"预规")、工程概算相对应的项目管理 WBS 架构模板,并在架构中标识各层级资产属性和费用性质等必要信息;同时根据预规的修编情况,同步更新项目 WBS 管理架构的相关内容,全面统一工程项目信息管理标准,满足项目管理需求。

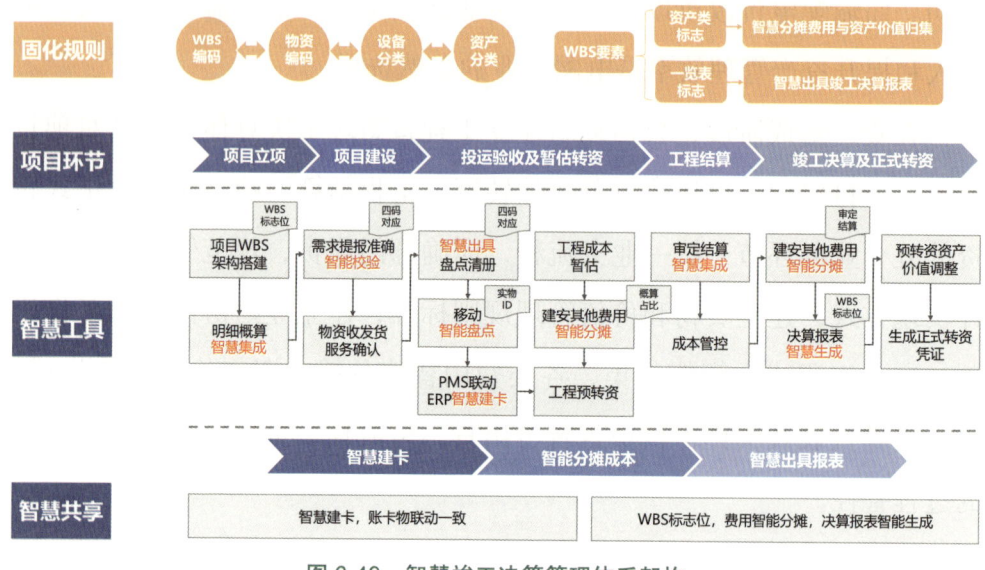

图 6-49 智慧竣工决算管理体系架构

2）建立"四码对应"规则。公司财务协同业务部门明确了工程全过程的实物管理标准，统一了建卡规范、验收清册编制颗粒度，并在此基础上构建具体的对应规则：一是物资领用时，物料编码自动挂接项目 WBS 架构编码；二是验收投运时，依托验收清册建立设备编码与 WBS 架构编码的对应关系；三是暂估转资时，通过资产编码与验收清册设备编码的对应，实现设备与资产的关联。累计构建 19.2 万条 WBS、物料、设备及资产编码的"四码对应"规则库并更新维护，实现项目与物资自动挂接、资产卡片在线推送、业务标准快速响应，为项目规范增资和资产高效盘点等工作全面夯实了基础（见图 6-50）。

3）制定价值管理标准。通过制定系统规则规范费用结算要求，一方面明确建筑、安装、设备、其他费用与项目的挂接标准和核算规范；另一方面设置报表自动取数逻辑，确保资产赋值的准确与竣工决算报表的自动出具。

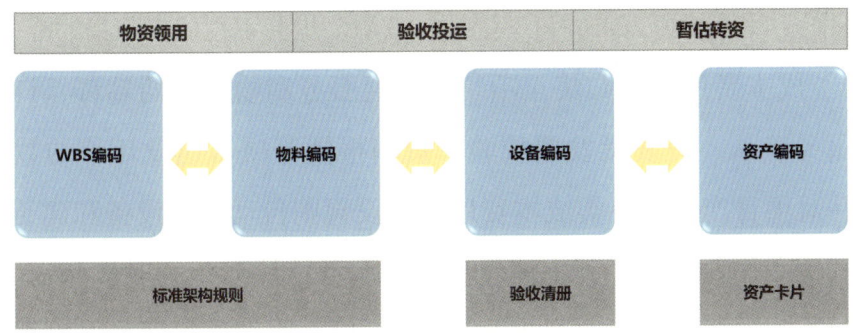

图 6-50 "四码对应"关系

(2) 项目立项环节

在项目立项环节,项目创建与概算信息高效流转是财务管理提升的重点。国网江苏电力主要利用线上固化规则,通过设置对应关系,实现项目的自动创建与概算数据的自动获取。

1) 工程项目自动创建。根据项目分类和单体类型,系统自动调用项目标准 WBS 架构创建项目,同步并校核项目属性信息。其变更遵循源头管理和联动更新原则,确保了项目基础数据来源唯一、完整准确。

2) 概算数据自动获取。通过预先建立概算明细信息与 WBS 编码对应规则,系统自动将概算文件中各项费用自动分解到 WBS 架构对应层级,进一步在项目 WBS 架构对应层级赋予概算值,作为预算编报依据、成本管控工具、暂估增资价值分摊和标准结构化结算比对依据等,实现概算由自动智能管控代替人工把关。

(3) 项目建设环节

在项目建设环节,高效的物资需求提报与成本费用归集是财务管理工作关注的重点,国网江苏电力主要利用"四码对应"规则及成本归集关系,实现物资需求的智能提报与成本费用的精准归集。

1) 物资需求智能提报至项目。工程管理部门导入设备材料清册,触发新增物料"四码对应"关系维护工作流,系统自动挂接预设的项目 WBS

架构编码，实现物资需求的自动提报，从源头提升工程成本归集的准确性。

2）成本费用精准归集至项目。贯通服务和物资合同签订、订单创建、服务确认、收发货发票校验、费用报销等项目建设环节的数据链路，并对项目产生的各类成本费用按预设规则自动计入设备和建筑、安装、其他费用明细账。其中建筑、安装服务挂接至相应项目WBS结构首层，其他业务挂接至项目WBS结构底层，明细反映项目成本费用构成。同时，区分项目类型、电压等级，设置成本费用的报账时限阈值和成本入账控制，实现项目预算、物资领退和费用成本入账时限控制。

（4）投运验收及暂估转资环节

电网企业在投运及暂估转资环节，验收盘点的高效进行与资产价值的准确估计尤为重要。国网江苏电力利用实物ID、移动App等数字化手段，通过设备清册智能盘点、资产卡片智能同步与工程成本智能暂估，提升投运验收效率，保障了资产价值形成的质量。

1）设备清册智能盘点。工程管理部门在竣工投运前根据物料情况、主设备判断依据与拆分规则，自动编制生成项目预验收清册；对于实物ID未覆盖的项目，需按照现场盘点结果调整确认，根据现场盘点差异办理物资领用及退库手续，实物资产管理部门线上获取经审批的验收清册后自动创建设备台账；对于实物ID已覆盖的项目，预验收清册包含设备ID信息，通过移动盘点智能应用，组织现场人员开展实物ID扫码验收即可，形成正式验收清册，自动传递系统内，自动建立资产设备台账。

2）资产卡片智能同步。系统通过校验设备管理系统推送的数据与验收清册类型、数量是否一致，自动生成资产卡片，实现种类复杂的电网设备验收标准化、程序化，减少烦琐的单据填写工作。

3）工程成本智能暂估。工程管理部门在工程竣工投运后10天内及时向财务部门提交竣工投运通知。首先，根据合同执行情况，系统自动对尚未入账事项涉及费用进行暂估，形成暂估工程成本明细表，经业务初审后提交财务部门审核，审核通过后自动完成成本暂估入账；其次，系统根据嵌入的 WBS 架构明细概算、固化的分摊规则、暂估后的工程成本，自动将建筑工程费用、安装工程费用和工程其他费用分摊至每一台设备，自动生成设备资产价值，"一键"完成工程暂估转资。

（5）工程结算环节

工程结算工作贯穿整个项目周期，高效高质量的结算管控与报告出具尤为重要。国网江苏电力利用系统自动比对，实现标准化的工程结算及校核。公司通过固化工程结算格式（与概算一致），规范工程结算信息，建立结算报告明细数据与项目 WBS 架构对应规则，自动读取转换结算审定结果，自动比对工程结算审定物资量和实际发货量，将结算报告各项费用自动分解到对应的 WBS 层级，系统获取结构化结算数据；同时按照供应商和项目单体维度，系统自动比对财务账面项目成本与审定结算费用，生成结算信息与项目成本差异分析报表，校核成本入账准确性。

（6）竣工决算及正式转资环节

竣工决算及正式转资环节的高效高质量运行是工程成本精准核算的基础，保障了资产价值的最终形成。国网江苏电力系统依据决算审定结果与内置逻辑，实现竣工决算报表的自动出具与设备资产价值的智能调整。

1）费用入账单体和类别的智能稽核。在编制决算报表时，需要人工对账面费用进行梳理和调整，智能稽核可以通过对合同管理增加"涉及单体""单体间分摊比例""费用类别"，再通过采购订单号连接项目明细账与合同进行稽核挂接 WBS 是否正确。

2）竣工决算报表自动出具。通过在系统中内置分摊规则，按照结算审定结果再次进行工程成本分摊，同时根据自动取数逻辑，系统自动提取费用分摊结果和明细概算,实现决算报表自动生成,并进行电子归档。

3)设备资产价值智能调整。系统自动读取竣工决算报告,校验项目在建工程和资产卡片等信息;按报告中资产卡片的审定移交金额扣减暂估转资金额进行价值调整,完成正式转资,从而确定资产的最终价值。

> **应用二　工程项目执行全流程监控,前瞻化预警项目风险及异常**

工程项目按期高质量运行是电网有效资产形成的重要保障。而工程财务管理聚焦于财务在投资、资产两端的价值桥梁作用,以往的工程监控存在业务、财务"两张皮"问题,导致财务对工程项目过程掌握不精确、价值反映不准确。因此,对于工程项目的监控必须注重全过程管控,及时发现、提前预警延期等风险点。

依托智慧竣工决算体系,利用"三率合一"模型以及数据中台等数字化技术,国网江苏电力通过设计分单位、分项目类型等多维度监测指标,对工程项目开展储备立项、建设转资与检查整改的"事前—事中—事后"全流程监控预警,构建从项目前期直至项目关闭涵盖工程项目各个环节的动态跟踪体系,对项目建设过程中的重大节点实时监控(见图 6-51)。

◇ **事前储备立项监控**

一方面,国网江苏电力通过前期费用预算执行率、前期费用清理完成率等指标,从所属单位、挂账时长等多种维度,量化分析展示工程项目前期费用的执行与清理情况,推动项目成本的合理归集,防范前期费用长期挂账的风险(见图 6-52)。

另一方面,国网江苏电力结合总投资规模、年度投资规模等数据,从所属单位、责任部门与电压等级等维度构建总投资预算较概算压降、结转项目投资预算占年度投资规模比例等多种对比性指标,综合监控投资计划安排(见图 6-53)。

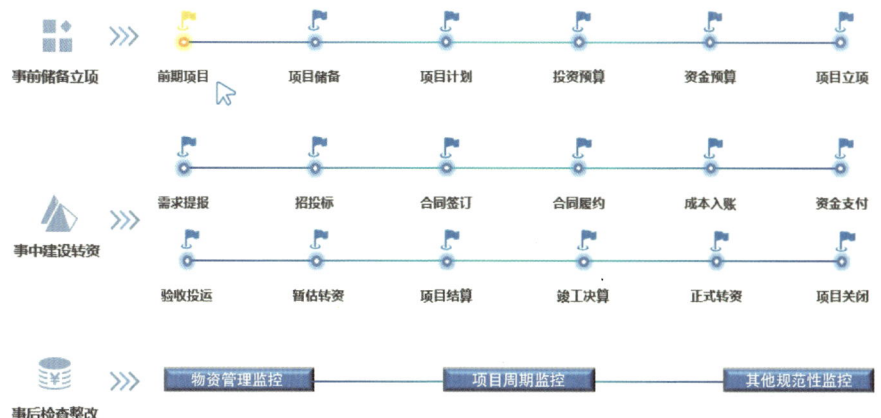

图 6-51 工程全过程监控

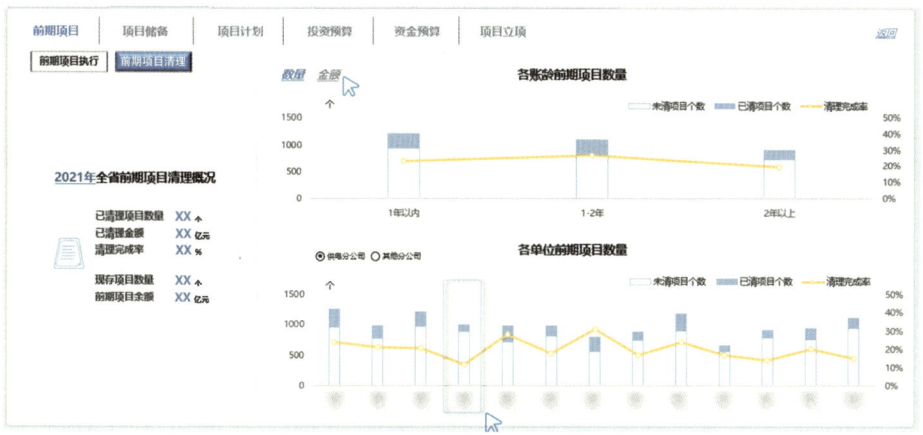

图 6-52 前期费用分析

图 6-53 投资预算规模分析

◇ **事中建设转资监控**

1）建设进度监控。由于管理需求不同，国网江苏电力各部门、各专业对于工程项目进度的监控关注视角存在天然差异。例如，基建等业务部门更重视建设进度，发展部门更关注投资进度，财务部门则更侧重于项目入账管理。如何将各类进度融合统一、协同管理是项目监督的一大重点难点。

公司以大中型基建项目为试点，通过梳理工程项目建设中里程碑链条、投资控制链条、资金链条、物流链条之间的逻辑关系，明确电网基建项目跨部门管理的三项核心指标，即基建部的"工程建设完成率"、发展部的"投资进度完成率"以及财务部的"成本入账完成率"。通过上述指标交叉分析，互为校验，建立工程进度"三率合一"模型，准确定位项目建设风险防控的薄弱点。

在模型搭建方面，首先，通过顶层设计明确建设进度、投资完成、工程成本的指标定义、编制依据及计算方法；其次，以基于工期计算的计划完工百分比估算按工程量计算的工程建设进度，由里程碑节点细化至单个工程层级，建立项目理论曲线预测模型，并得出各月累计理论建设进度完成率作为项目执行全过程的分析基准；最后，以批复概算为基础，剔除税金和工程决算结余的影响，考虑工程各成本费用周期及金额，按照月度平均分摊、一次性全额分摊和按完工百分比分摊三种方式，设计入账进度理论曲线工程 WBS 元素成本计算规则，最终确定不同电压等级项目三率偏差的合理区间。

在模型应用方面，通过查看三率曲线，根据实际需求进行自由组合，开展理论曲线与实际曲线交叉对比分析，模糊查询项目名称并穿透至异常项目的具体环节，准确定位异常进度点，实现工程进度偏差动态预警，有效支撑对异常根源的准确剖析（见图6-54）。

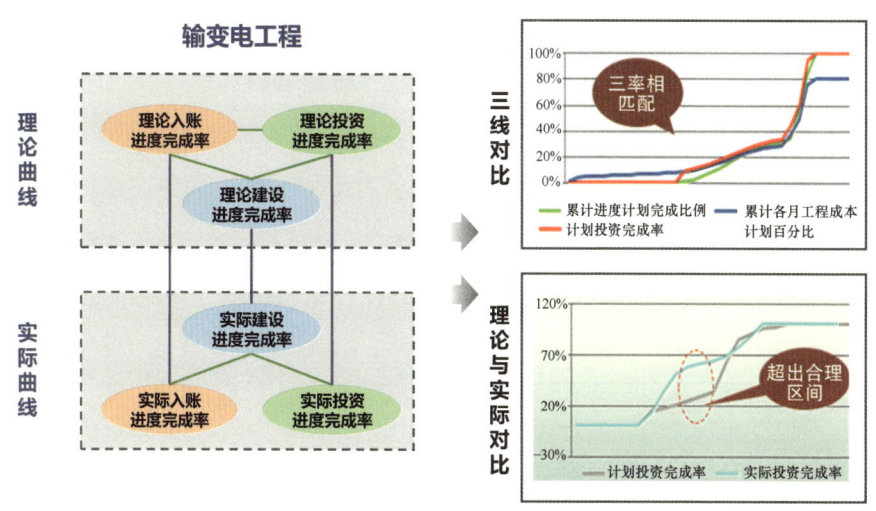

图 6-54 "三率合一"监控

利用工程进度"三率合一"模型,公司实现了对电网大中型基建单体项目的高效监控,为业财多部门风险防控提供了量化手段,减少了项目进度检查工作量,提升了实时监控效率。

2)验收投运监控。通过对投运完成率与及时率、未完成项目的数量以及平均滞后时间,综合监控分析各单位、各部门的工程项目验收投运情况的分析,为业务有效规范新设备验收流程,加强投运前的设备监督和施工质量检查提供数据支撑,减少设备质量和施工进展缓慢等问题影响新设备的正常运行等情况的发生(见图 6-55)。

3)决算转资监控。通过暂估转资及时率、竣工决算完成率与及时率等指标,综合分析监控各单位各部门以及各类工程项目的转资及竣工决算情况,为公司智能开展工程项目"三清理两提高"(清理在建工程、工程物资、工程往来款;提高暂估转资效率、竣工决算效率)专项工作提供可靠保障,为工程完工与资产形成的效率与质量提升提供了有力支撑(见图 6-56、图 6-57)。

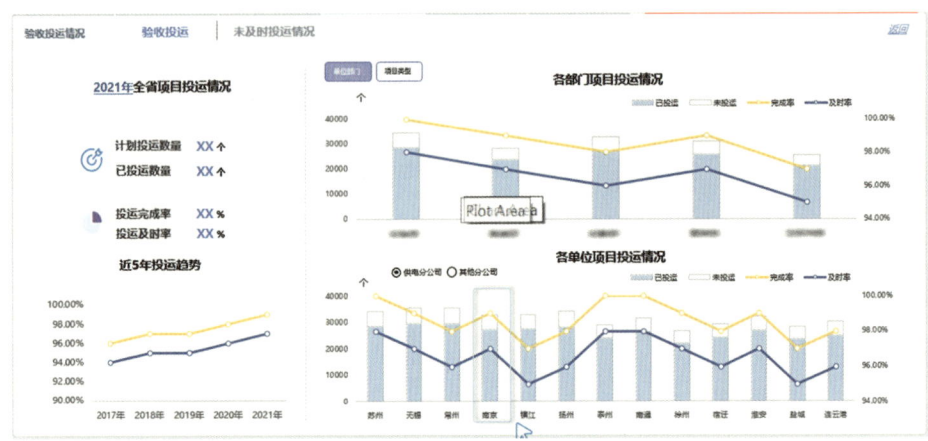

图 6-55 验收投运情况监控

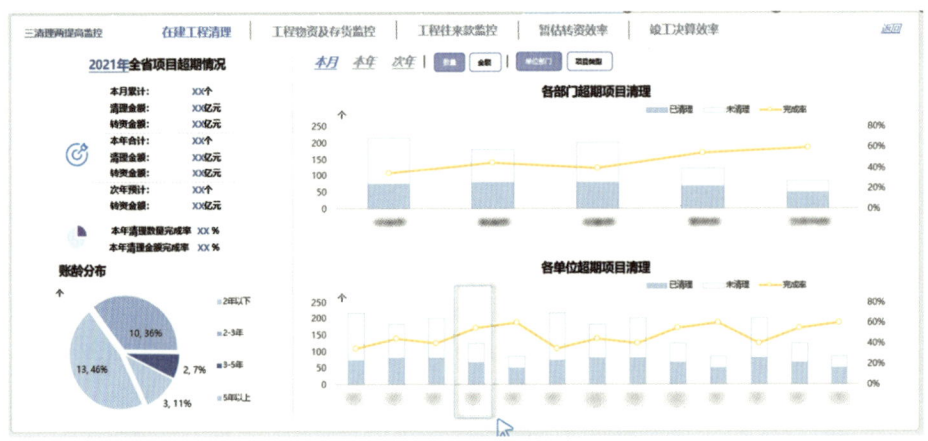

图 6-56 "三清理两提高"专项工作

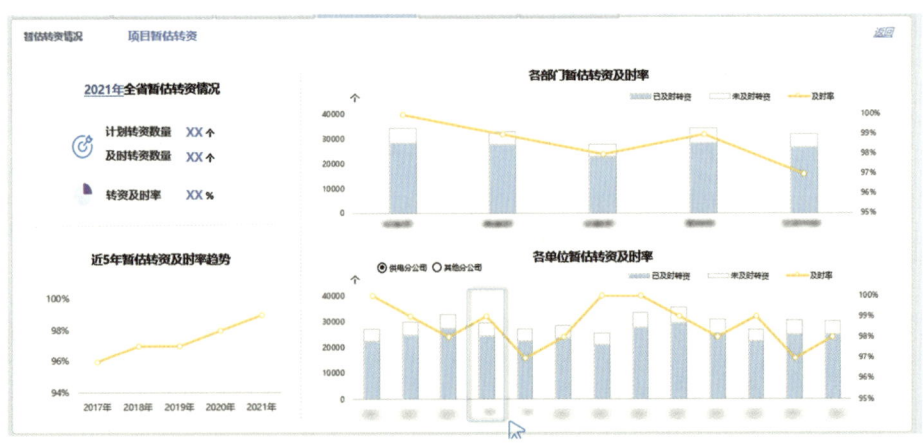

图 6-57 工程项目暂估转资

◇ 事后检查整改监控

通过系统预设规则，以及计划与执行的对比分析，公司定期开展工程项目各类问题的检查整改，及时反馈工程项目建设及运行过程中涉及的物资类、进度类及其他规范性问题，并支持管理者穿透至单一项目底层数据。以工程项目周期性监控为例，通过对建设周期超短、长期无进展、预安排项目进展缓慢等指标设定严格的监控标准与规范，促使相关部门和单位加强对风险点的防控，有针对性地明确工作改进方向，辅助管理者及时发现问题并解决问题（见图6-58）。

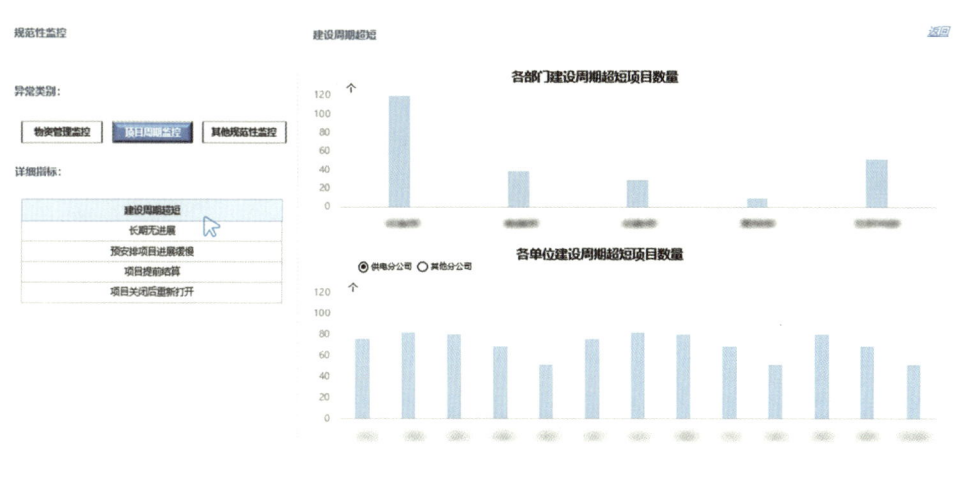

图6-58 工程项目检查整改

8. 财税管理

> 应用一 搭建智能发票管理平台，实现智慧发票管理

综合考虑安全性、可靠性等因素，国家电网公司信息系统管理一直秉承内外网隔离的原则，受此限制，税务管理系统难以与外部金税系统自动集成开票，缺少系统性管控和数据校验功能，税务管理工作存在工作量大、效率低、易出错等问题。为有效解决这些问题，国网江苏电力

以构建发票管理平台为抓手,以打通内外网信息交互通道为关键,创新建立多层级大型企业发票管理新模式,实现全票种、全业务、全流程的管控,加强发票管控能力、提升发票管理效率、促进数据集成共享、防范税收违规风险。

(1)打通内外网信息交互

公司积极开展技术创新,打通内外网隔离限制,在内网部署发票管理平台,使发票进销项所有操作均在内网完成;通过隔离数据库实现内外网信息有效交互,为前端业务自动化、数据精确化、操作便捷化提供可靠保障(见图6-59)。

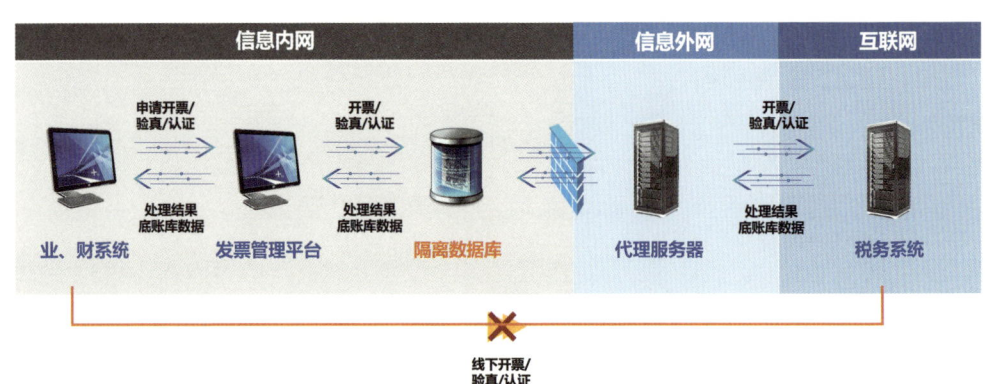

图6-59 发票管理打破内外网隔离限制

(2)实现信息管理双向集成

利用发票管理平台,实现信息和管理的双向集成。在横向上,发票管理平台将主数据管理、营销管理、ERP等多个业务与财务系统进行集成,并与税务局及移动终端的各项应用进行衔接,实现内部业务、财务系统和外部税务系统的信息集成共享(见图6-60);在纵向上,实现省公司对所属各单位发票的统一垂直管理,建立省、市、县三级发票管控体系,覆盖全省约80个税号的统一查询、全面监控、多维度对比分析,解决发票量大、管理分散等问题(见图6-61)。

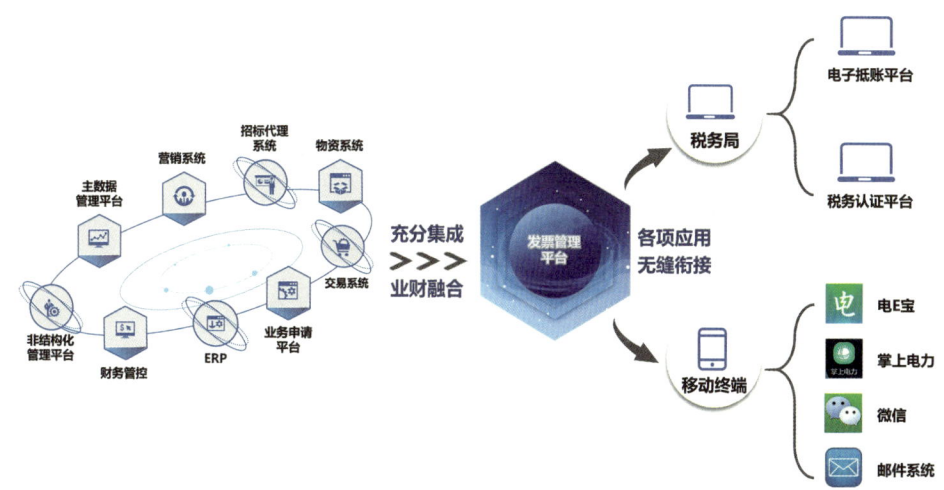

图 6-60 发票管理横向集成

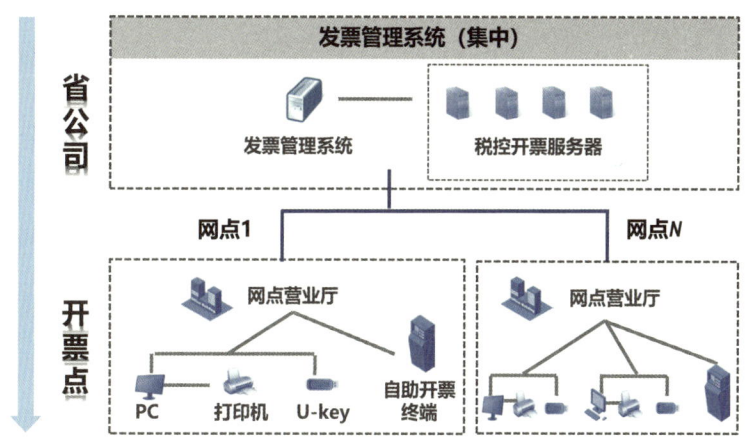

图 6-61 发票管理纵向集成

（3）强化销项发票管理能力

在销项发票管理方面，通过发票管理平台对各类发票及相关收据进行在线管理，对各类相关业务进行实时管控。

一是统一主数据。在严格执行国家对于发票开具的各类规定的基础上，通过系统规范强控销项发票的主数据，为提升发票的管理能力和效率打好数据基础。①统一规范票面法定要素信息，对增值税专票中的"税号""地址""电话""开户行名称""银行账号""银行代码"六要素以及普通发票的"购方纳税人识别号"进行统一管理。②统一规范税收分类编码和商品名称，对公司各类业务对应的收费类型（如售电费、充值卡、计量检定费等），在系统内与税收分类、税率等信息内置对应规则及钩稽关系，确保发票开具符合相关要求。③统一系统自动拆分合并规则，统一设置价税自动分离、超限额金额自动拆分、分割开票等合计30余条管理规则，以支撑自动处理和智能管理。

二是统一信息标准。发票管理平台对不同业务类型的发票中的票面信息进行了差异化规范管理，实现信息标准的统一。①统一备注栏，规范了发票出具时按需填写的居民用电清单、预付卡结算款、红票对应蓝票等信息，丰富了发票的业务信息反映能力。②统一销方信息记录，根据开票人的账号、IP地址等信息，自动在票面上关联备注联系人信息，且能够自主录入受委托经办人员的联系人信息，可更好地对应相关责任人，强化对已经开具发票的追溯管理能力，解决因营销网点工作人员轮换频繁导致的错开发票追溯调整复杂的管理难题，支撑提供更加优质的客户服务。③统一税率信息，对各类业务对应的发票税率进行清晰明确的反映。

三是全流程监督。针对增值税涉税业务类型，发票管理平台制定、规范和内化了严格的内部控制标准，对收款开票相关业务进行了全流程管控，规范业务操作，防范税收风险。在电费业务方面，对于一般用户实行"收款—开票"流程控制；但对于政府等特殊用户，通过白名单管理方式，允许当月执行"开票—收款"流程，次月启动稽核限制，实现对前款未清用户的次月开票限制，避免出现税务风险。发票管理平台进一步加强了对销项发票"领用—分发—回退—开具—报送—抄税—清卡"的全流程线上监管，实现对发票领用存档、红冲作废等信息的实时统计查询。

（4）优化进项发票管理能力

在发票进项管理方面，对购电费、物资采购、光伏收购、员工报销等发票和收据的签收验真、认证、账务处理及问题预警进行在线管理和实时管控。

在账票关联和自动认证方面，发票管理平台在内网通过国网电商电子抵账库与税局系统进行联通，在公司内网范围实现自动识别和自动验真，并在自动匹配税局抵账库后自动发起认证。将发票和账务进行关联，自动传递信息进行账务处理。在该过程中自动获取发票的异常情况信息，并对管理人员实时发送预警。

在线下收取发票的供应商交票方面，发票管理平台创新地自主设计、投用收票机智能终端，解决了传统供应商交票、发票复核、发票认证靠专职人员线下签收、人工核对、跨平台认证，导致业务处理效率低、用户体验差等问题。收票机智能终端通过集成工控主机、触摸屏、打印机、扫描仪、摄像头、身份证读卡器及单据分拣、传送、消毒与收纳等多种装置建设而成，通过应用智能 OCR 技术识别、提取纸质发票，并基于预先设置的业务规则，实现纸质票据完整性、合规性的自动核验；通过服务集成的方式主动抽取业务系统事先留存的结构化信息，将纸质票据信息与业务系统留存的数据信息一致性进行自动比对。针对符合条件的发票自动分拣收纳；针对不符合条件的发票直接在交票环节拒收，将物资、财务大量的校核工作前置，保证了业务源头的合规、正确，提升了业务处理的效率和质量。

> **应用二　创新搭建财务智能专家系统，实现财税咨询信息智能反映**

财务人员在日常工作中应用各类系统工具时，遇到业务流程类、系统操作类、功能报错类问题需要寻找运维人员进行处理，或者需要提交工单等待运维人员处理，耗时长、效率低；在业务处理中遇到问题需要查找相关制度依据时，往往需要从大量制度文件中手工翻阅寻找要点，便捷性不强；在需要查询数据便于开展分析或进行报告编制时，不同类型的数据需要跨多个系统进行查询，人机交互不便捷。基于上述问题，国网江苏电力自主研发了财务智能专家，应用 NLP、机器学习、语音识别等多种智能技术，智能化开展知识的分析解读和学习应用，通过语义理解和意图识别精准定位用户需求，为公司员工提供全天候、无延迟、个性化的财务专业咨询服务，包括信息系统应用指引、税务制度政策解读、税务实务相关案例参考等。

（1）提供便捷的财务人机交互

财务智能专家以 PC 客户端应用的形式，通过建立财务知识库、集成数据中台、集成各业务系统服务等方式，基于自然语言，提供财务咨询、租赁合同信息提取及创建、7×24 小时数据查询、企业制度问询、系统操作咨询、财务词典解答等服务。财务人员可以在不寻求专业运维人员帮助的情况下，自助在线输入文字或通过语言对话的形式进行智能咨询。智能专家针对各类问题，采用文本检索、自然句式、规则句式匹配等方式，寻找语义环境相似情况，进而判断用户的意图，对个性化询问进行极速、精准响应，通过智能化知识的分析解读和学习方式，实现对各类知识信息的自动解析、自动录入，减少了 70% 的人工工作量。

（2）提供多种类型的财税咨询服务

针对制度规范类咨询，提供制度要求快速查询。支持多轮交互，理解上下文含义，支持制度文档下载，根据用户问题，自动推荐关联问题。针对不同语义语境下的咨询需求进行机器学习，提供精准回应，而并非仅仅如同搜索工具般提供模糊查询。针对系统应用类咨询，提供应用问题精准定位和快速查询，支撑流程操作类问题横向浏览，支持一键式调用公司中台内相关服务，迅速回应财务人员在日常交易处理等工作中流程、操作等方面存在的问题。针对核心指标类咨询，支持单一问询与多轮交互、多样化咨询句式及内容引导查询，自动推送常用指标，基于角色的权限管理，对不同查询内容进行展示和引导。提供动态信息预测支撑，对所咨询问题可能相关的信息提供补充展示。例如，针对税率查询问题，在提供税率数据的基础上，额外提供针对该条税务处理相关的政策信息等。

（3）重塑系统运维服务体系

财务智能专家重塑了系统运维服务体系。系统负责全天候解答员工的高频常规问题，在提供服务的过程中，运用机器学习持续迭代自身功能，模拟人类学习行为。随着用户聊天记录的不断积累，系统对问题进行自动分析归纳，形成新的财务知识点，不断扩充财务知识库，在服务过程中无边界、不间断地积淀新知识和新技能，在持续扩展咨询服务半径的同时实现无意识的知识积淀和有意识的知识传承。而传统运维人员则专注于回答机器未解决问题并不断帮助机器训练、学习、扩充知识库。人机协作方式可大幅提升运维服务效率和响应速度，提高财务人员对财税制度的学习次数，持续降低财务信息运维管理成本（见图 6-62）。

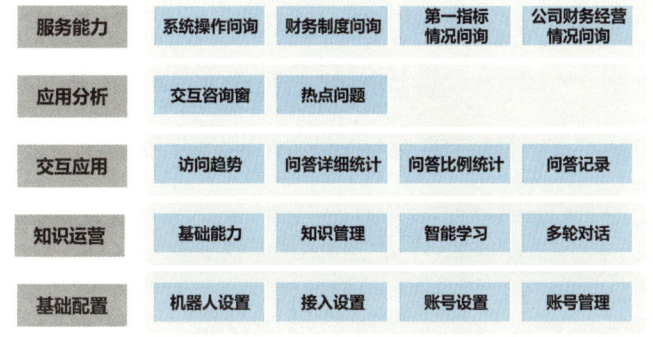

图 6-62　财务智能专家

9. 风险管理与稽核内控

➤ 应用一 推动全面数字稽核，强化风险识别与整改

传统的财务稽核平台依赖流程监控，能够确保稽核信息的在线流转，为各部门提供了专业化的风控依据。但稽核工作所需信息往往来自多方，由于跨专业管理规范、数据口径的差异，业财之间缺乏协同抓手，单纯从财务端发现业务运行问题的难度在逐步增大。

因此，国网江苏电力全面梳理业财管理规范、明确协同规则和边界，建立不同口径下稽核数据的内在逻辑关联，在此基础上固化稽核规则，充分利用中台业财数据资源，构建"实用、实时、共享、智能"的数字化稽核监督平台，智能、高效地识别企业运营过程中的风险和问题，促进企业经营更加规范、业务运营更加高效。

（1）搭建平台服务

国网江苏电力依托财务中台和数据中台，该平台整合业财各系统模块的运行数据，搭建融合统一的稽核监督智能平台。结合预算、核算、资产等7个财务管理领域的稽核标准，建立预算域、工程域、往来域等11项稽核模型，形成细化稽核标准，并动态更新维护。

在此基础上，公司重构规则建设、稽核任务、整改反馈和风险提示4项流程，利用稽核白名单、自助数据集等系统内置工具，为管理者提供自定义稽核报表服务，自动生成结构化稽核报告；同时依托大数据、人工智能等技术，根据历史稽核问题及整改意见，为相同或类似问题智能出具整改建议，辅助管理者及时整改（见图6-63）。

（2）探索智能应用

依托稽核监督智能平台，进一步开发财务稽核机器人，根据预设规则，定期运行项目建设、往来款项、资产设备、营销业务等各类主题的稽核数据自动查验流程。以营销业务的稽核主题为例：财务稽核机器人

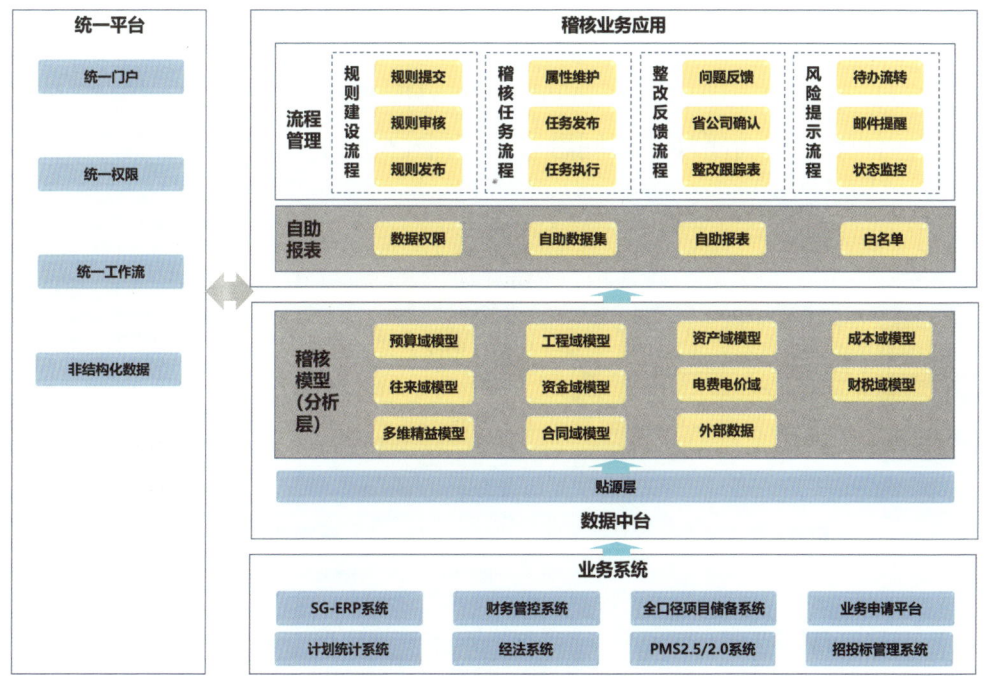

图 6-63 稽核监督智能平台架构

通过票据信息、电量信息等结构化数据，自动完成虚开发票、光伏发电装机容量失真、并网无发电量等疑点的稽核检查，定位异常点后，通过统一权限及工作流生成稽核工作单，推送相关岗位进行人工二次查验，并及时发送邮件、短信等提醒，实时跟踪整改状态，提升了财务稽核工作效率，缩短了稽核周期（见图 6-64）。

> **应用二 强化过程监控，实现风险智能预警**

国网江苏电力年均项目 10 多万个，数量众多，情况复杂。为更好地管理项目的过程风险，保障财力资源安全有效地投入，公司通过业财协同管理，对预算执行与资金收支开展"事前—事中—事后"的过程性安全监控，强化智能预警功能，增强实时风控能力。

（1）预算执行过程监控

依托数据中台，跨部门协同，设计分单位、分项目类型等多维度监测指标，开展项目预算"事前—事中—事后"全链条监控预警，推进部门、岗位之间的横向协同，形成立体有机的预算监控机制，确保项目预算管控体系"全面闭环、协同融合"（见图6-65）。

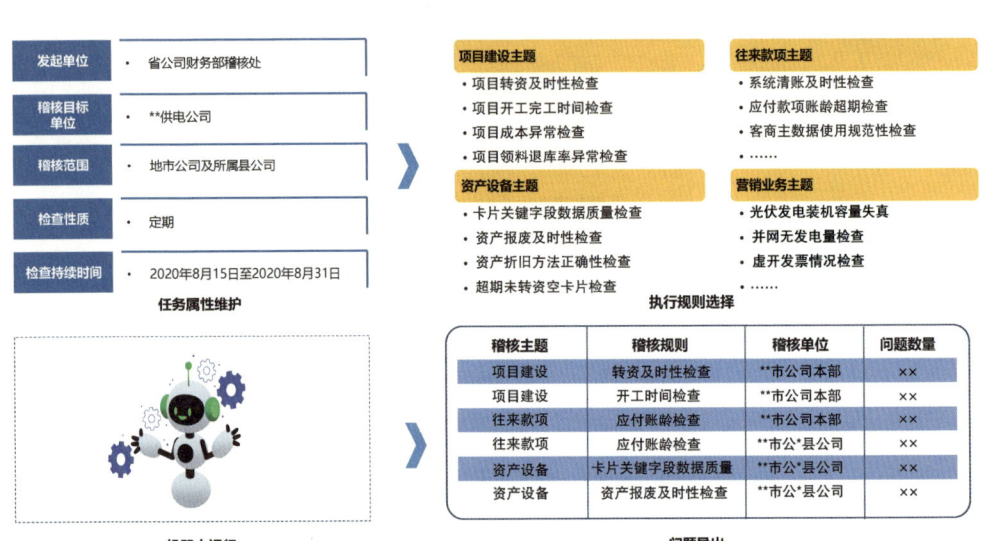

图6-64 财务稽核机器人智能稽核

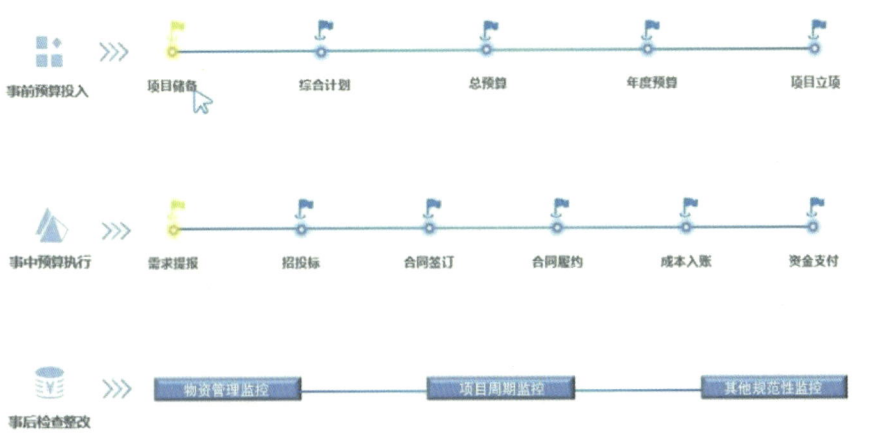

图6-65 预算全链条监控

◇ 事前预算投入监控

根据项目储备规模、总投资预算、年度预算等数据，结合计划投资安排，从项目类型、所属单位、责任部门、电压等级等维度，实时监控项目立项率，跟踪项目预算投入情况，事前防范应投未投、投入不及时等问题的发生，保障预算资源配置的科学精准（见图6-66）。

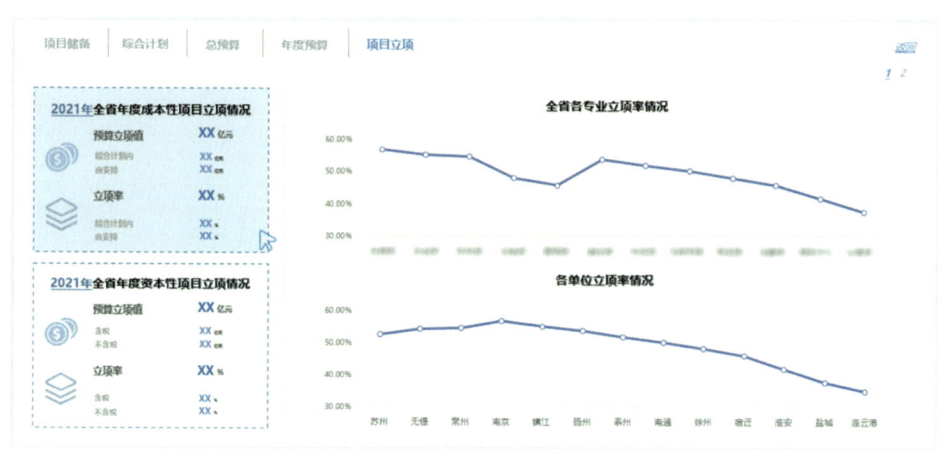

图6-66　项目立项监控

◇ 事中预算执行监控

在预算执行过程中，充分利用需求提报、招投标、合同履约等环节的在线数据，区分物资与服务，细化分析展示各单位各部门的需求提报与招标完成情况，动态比较招投标与需求提报规模的差异，实现项目执行过程的实时监控，切实提升事中管控能力。

对超过时间仍未完成既定计划的项目，由系统自动推送至责任人，督促其分析原因并加快预算执行；对预算额度即将耗竭的项目，自动提醒相关人员及早判断是否要追加预算，切实保障了预算执行的实时监督与及时调整（见图6-67）。

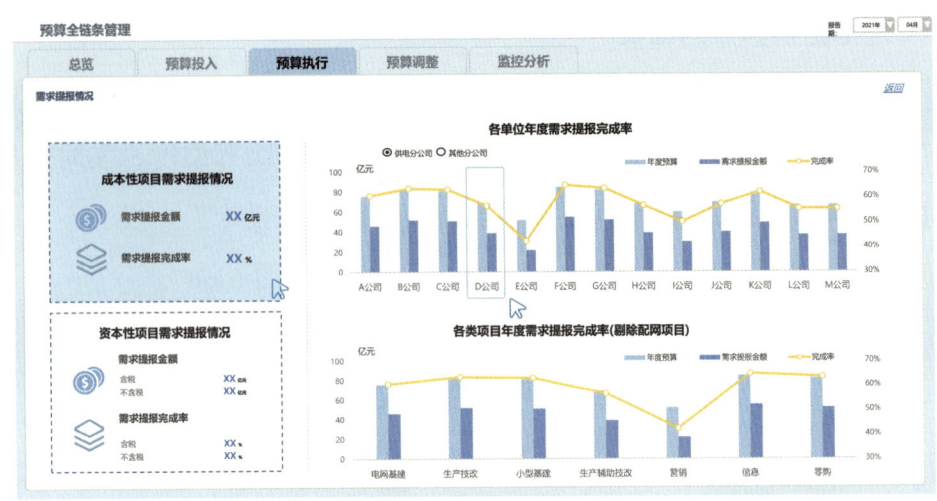

图 6-67 预算执行监控

◇ 事后检查整改监控

通过设置物资管理监控、项目周期监控以及其他规范性监控三类预算监控指标，定期开展预算执行情况的检查整改。以规范性监控为例：对当年预算调整过多、立项异常、支付异常、结余异常等问题，设置明确的计算逻辑与判断标准，由系统实时反馈监控结果，完成事后检查监督的闭环（见图 6-68）。

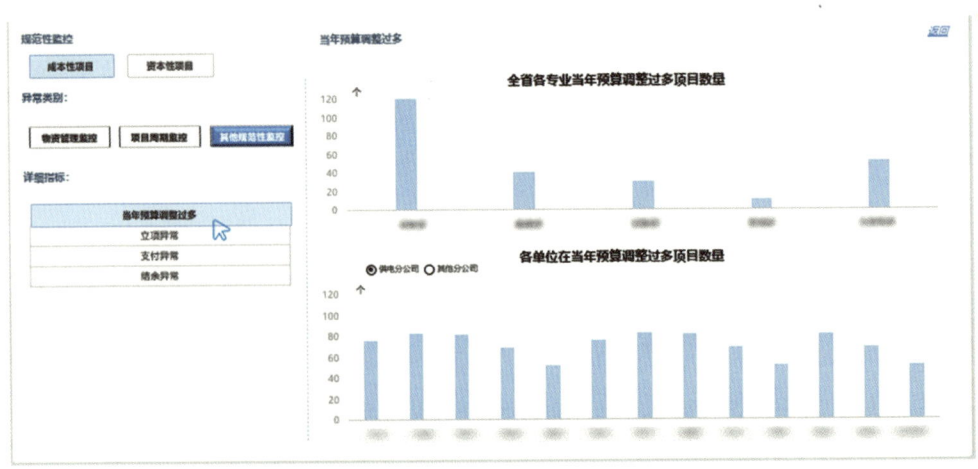

图 6-68 预算执行全链条项目周期监控

（2）资金收支流程监控

为从根源上保证资金的"本质安全"，国网江苏电力在资金收付款"省级集中"的基础上，结合资金收支日排程管理的需要，优化资金风险监控规则，建立"事前—事中—事后"全流程资金管理闭环监控机制，搭建智能化、可视化的资金调控分析平台，持续优化资金调控规则，开展系统应用情况对标，推动资金安全管理智能化。

◇ **事前布局防控业务风险**

从事前环节做好资金风险控制，强化前端业务部门人员的资金安全意识，统一数据链路，加强凭据控制，强化审核流程，推动信息实时共享、过程实时控制与结果实时监督。

① 统一数据链路。依托数据中台，加强员工报销、物资采购、营销系统等系统模块间的集成融合，所有资金支付事项以前端业务单据为基础，推动资金管理从业务生成、预算编制、资金支付、付款制证到自动清账的全流程参与，针对流程中各类风险，精准识别关键控制节点，强化业务流、资金流、信息流的一体化管控，支撑资金安全管理精准化与精益化。

② 加强凭据控制。通过高拍仪等设备将资金原始凭证影像录入系统，业务与高清影像同步在线流转，一旦上传无法更改，保留痕迹，杜绝"流程先行、材料后补"的违规情况，支持资金收支相关凭据追溯查询；同时借助系统逻辑、智能管控规则，将原始凭据影像、财务数据仓库与税务联网系统进行比对，自动校验发票真伪、查重，防范假票和人工审核风险。

③ 强化审核流程。在系统内固化资金审核、审批标准流程，业务人员发起资金报账业务时，系统按类别、按金额自动、逐级流转到相关审核审批人员，审批时录入指纹并自动与公司指纹库进行比对校验、自动

生成电子版支付申请单，保证审批流程全程可溯，有效防范冒录指纹、替代操作风险，显著提升业务审批人员的责任意识和规范操作意识。

◇ **事中监督关键收支节点**

通过深化应用生物识别技术，开展支付委托授权、部署支付监控拦截等方式，在事中环节严格把控资金收支的重要节点，对经营活动进行在线监控，有效保障资金安全，促进财务人员的安全意识与责任意识的提升。

① 深化应用生物识别技术。出纳、资金支付审核、审批人员等支付核心岗位进行系统付款操作时，采用人脸识别的生物验证方式，识别成功后方可利用密钥支付，识别失败则系统自动拦截（见图 6-69）；同时系统定期抽验财务人员生物数据的真实性，有效防范冒用、混用资金密钥的情况，增强资金支付环节关键岗位的安全控制。

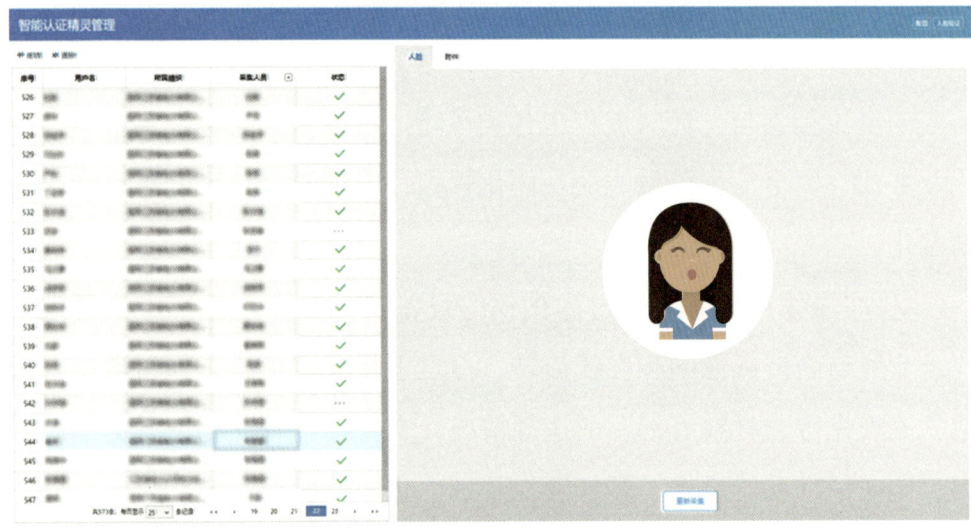

图 6-69　人脸智能识别

② 应用支付委托授权。为兼顾多场景的支付需求，开发并全面应用支付委托授权功能，相关人员无须线下移交支付密钥密码，在线上即可完成密钥委托授权操作。资金支付时，系统自动启动备岗人员支付验证流程，根据委托授权信息校验备岗人员电脑 IP 地址和身份认证信息，校

验通过后方可完成支付,同步生成委托记录。这不仅保障了资金安全支付的效率,还有效界定了资金责任,强化了备岗人员的责任意识。

③ 支付监控拦截。依托资金结算系统、财务管控系统以及财务中台,对资金支付业务开展全量拦截扫描,在系统内部署监控规则,逐条校验支付指令中的关键要素,对异常支付进行预警拦截,并通过线上双人查复,核实风险异常点,切实发挥了资金支付事中监控与异常拦截的作用。

◇ **事后监督资金**

结合行业及企业情况,跨专业协同,建立资金事后监督机制。利用大数据分析技术与在线监控功能,快速定位风险点,层级穿透到基层单位,高效开展资金安全专项检查(见图6-70)、资金分级联合监控、电费资金专项稽查等专题稽核。例如,通过资金管理在线监测功能,可远程核查电费POS机"一卡多刷",异常串户销账,主从关系签约缴费、电费及违约金异常减免等问题。

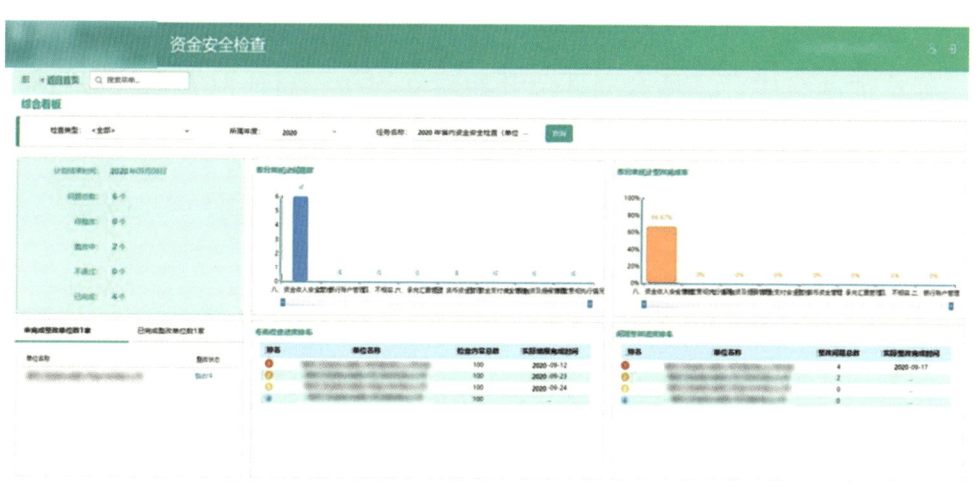

图 6-70　资金安全检查模块

> **应用三　升级关联交易协同平台,助力大数据风险预警**

近年来,国网江苏电力关联交易业务量大、交易模式复杂,跨不同交易主体，各主体业务处理规则、效率不尽相同；不仅如此，还涉及业务、财务等多套信息系统，操作流程长，业财信息分散。关联交易协同工作效率低、问题多、缺乏信息系统的有效支撑，对会计信息质量产生了较大风险。

为改善这些问题，提升关联交易管理的准确性、智能化，在国家电网公司协同平台的基础上，针对本地实际情况，对关联交易协同平台创新开展适应性优化，探索关联交易的抵销新模式。通过业务规范要求和信息系统控制，实行"先协同、再入账"模式，自动识别、提取、协同关联交易记录后，再正式生成财务凭证，从根本上解决关联交易不协同、抵销不充分的问题，促进系统数字化能力升级。

（1）购销双方信息握手

将关联交易节点延伸至业务源头，以采购方合同号为主线、销售方发票号为辅线，集成经法系统、新一代电子商务平台（ECP）、ERP、电子影像、预算管理、税务发票电子底账库等系统，依托国家电网公司及江苏本地两级中台，从合同环节开始建立连接，贯通双方全流程业务、财务信息，包括合同签订、订单创建、服务确认、发票开具、财务结算和资金收付等，推动关联交易从业务到财务的全面协同，实现关联交易的单侧流程顺畅、双方信息实时共享（见图6-71）。

（2）收入成本协同自动处理

在收入、成本凭证协同方面，以销售方发票号为纽带，建立销售方收入凭证—发票—采购方成本凭证匹配关系。购销双方建立源端业务系统发票与凭证关系，并集成到关联交易协同平台，再提取内部交易信息后，通过发票号建立起多凭证间的关联关系，同时生成发起方、确认方、抵销层三方凭证，实现一对多、多对一、多对多、三方对账的自动协同确认（见图6-72）。

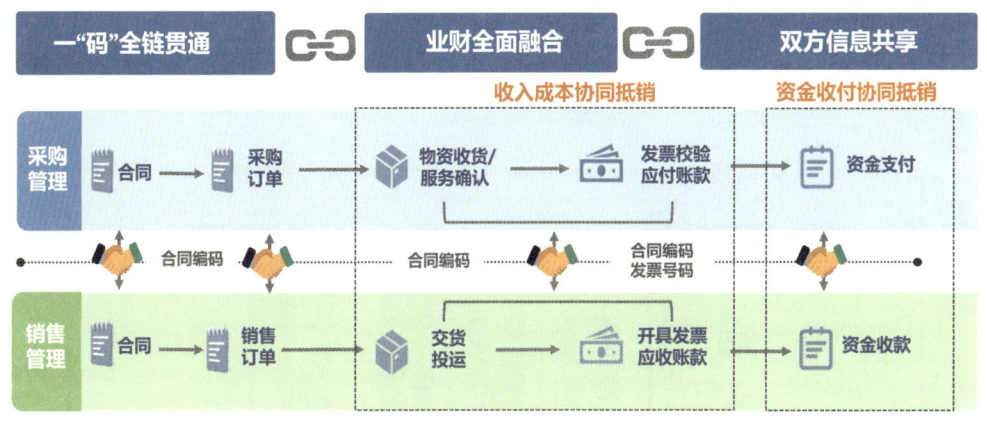

图 6-71 关联交易全流程信息握手

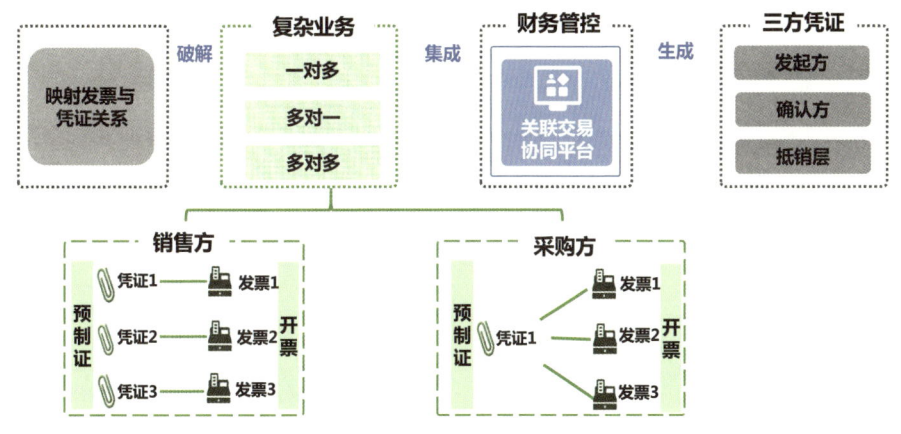

图 6-72 收入成本协同自动处理

（3）资金收付协同自动处理

在资金收付凭证协同方面，推行资金封闭结算，增加对内部交易收付款的控制，统一使用企业财务公司的内部户进行结算，实现资金体内循环，为资金协同自动化的建设提供了良好的基础与契机。在此基础上，扩展应用收付款结算池联动功能，收付款凭证中往来科目携带"业务协同码"，银行存款科目携带"资金协同码"，基于"两码"及其对应关系，采购方付款申请、销售方收款结算、双方收付款流水信息与前端业务信息串联，实现收付业务联动处理、资金自动认款和对账，减少收付款单位双方的沟通时间（见图 6-73）。

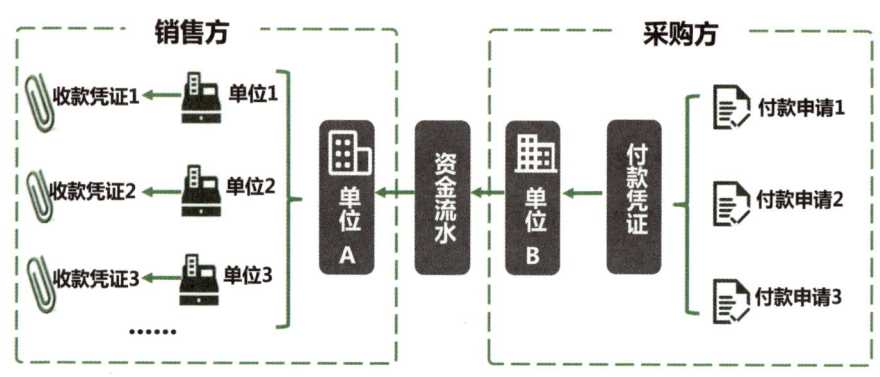

图 6-73 资金收付协同自动处理

（4）业务全过程监控及预警

在购销全流程信息贯通的基础上，构建统一的监控模块，通过业务信息聚合化、业务控制规则化、流程监督可视化，支持关联交易业务一览、履约进度查询、业务监控提醒、业务主题分析等功能，对双方业务进行全过程信息反映、监控，预警不规范业务，督办不及时操作，处理未衔接流程，提升抵销的及时性，实现关联交易信息透明、操作规范、过程可控、处理及时。

自创新升级关联交易协同平台功能以来，关联交易实时处理能力显著增强，双边协同自动率大幅提升，对账工作量明显减轻，超期未结算、提前结算、结算金额错误等问题明显减少，关联交易会计核算质量得到了有效保证。

10. 财务队伍建设

> 应用一　打造多层次、高水平的财务人才队伍

公司坚持以"优化结构、提升能力、科学转型"为重点，从人才

结构和年龄结构两个方面优化财务人才队伍，从服务战略能力、服务管理能力、服务业务能力、服务监管能力四个方面提升财务人才的服务能力，发挥领军专家的引领作用，促进人才科学的转型发展。目前，公司已组建一支由省公司财务部牵头，供电公司、直属单位、支撑单位共同组成，涵盖专业领军专家、正高级会计师、高级会计师、注册会计师等人员的业绩优秀、素质优良、担当作为、充满活力的财务数字化柔性团队。

> **应用二　构建完善的财务人员专业能力培训方案**

公司坚持贯彻党建引领，统筹做好新进员工的跟踪管理、在职财务人员的培养，不断加强财务数字化培训工作，持续增强财务人员的数字化意识，及时推广应用各项财务数字化创新成果，动态提升数智化管理水平。

一是加强党建引领。深入学习贯彻习近平新时代中国特色社会主义思想，坚持党建与业务齐抓共管，以支部结对共建为手段，发挥党组织的战斗堡垒作用，集中党员骨干开展业务攻坚，以党建促业务，以业务强党建。

二是加强财务专业新进员工的跟踪管理。组织各单位持续更新财务专业新进员工信息库，实施"双导师"培养机制，即为新进员工同时配置业务导师和财务导师，由导师为新进员工制定见习计划、过程指导、鉴定评价等，带领新进员工学业务、强技能，充分掌握必备的财务专业知识和技能，快速提升岗位胜任能力。

三是抓好在职财务人员的培养。做好财务人员的会计继续教育内训工作。推进财务大讲堂活动，发挥领军、专家和财务柔性团队的带头作用。鼓励各单位因地制宜，组织开展知识竞赛等活动，持续提升财务人员的专业能力和管理能力。

> 应用三　建立财会人才信息库，赋能财会队伍数智化管理

公司组织开展财务人员信息数据治理，建立了全面、准确的财会人员信息库，财务人员"一人一档"管理，提升了财务人员信息查询与管理效率。公司持续优化财会人员信息库，不断拓宽信息外延，丰富信息查询维度，开发财务人员成长轨迹、财务队伍情况分析报告、柔性团队管理等功能，为公司人才队伍建设提供决策依据，全面提升公司财会队伍的智能化管理水平。

第三部分：展望篇

展望篇以前沿数字化技术为立足点，对财务数字化管理的未来发展进行展望。首先，本篇讨论和探索了未来数字化技术背景下企业如何进一步全方位融通数字化管理体系，该部分主要从组织变革、数据应用和数字价值创造的新场景和潜在发展模式进行展望；其次，本篇进一步探讨如何前瞻化推动数字化生态循环建设，通过不断运用前沿数字化技术，构建高效、畅通的数字化生态循环，并建立数字化生态循环发展的动态纠偏机制以保证数字化生态循环发展的长期可持续性。本篇通过对前沿数字化技术及相洽的管理内涵进行前瞻性展望，为企业在财务数字化管理发展中保持数字化技术应用和管理理念的全方位前沿和先进提供了参考借鉴，最终使得企业财务管理能够适应瞬息万变的数字化技术变革和数字化管理变革，以最小的成本实现最大的财务数字化管理效能。

第七章

财务数字化管理发展展望

财务数字化管理体系的构建，不仅要紧跟前沿数字化技术，还应当注意构建与之相洽的管理内涵，以支撑和保障引进的前沿数字化技术能够在财务数字化管理中发挥最大的价值和效率。首先，管理技术和理念要紧跟数字化技术的发展方向，全面推动管理技术和理念的数字化；其次，应当将数据作为企业核心要素，所有的业务、生产、营销、客户等有价值的人、事、物全部转变为存储的数据，即推进全面的、深度的信息数据化；最后，从传统部门分工和传统层级驱动转向网络化协同和数据智能化驱动，使企业能够实时洞察各类业务中的动态信息并做出最优决策，以适应瞬息万变的市场经济竞争环境，实现最大的经济效益。

一、全方位融通数字化管理体系

受限于企业资源和现阶段数字化技术的发展水平，企业财务数字化管理体系可能会存在许多孤立的环节或模块，从而在企业内部形成信息孤岛，增加了信息传递成本并阻碍了信息传递效率，不利于企业全面、系统地进行财务数字化管理。企业应当适度地引入前沿数字化技术和管理方案，不断对现有财务数字化管理体系中的薄弱环节和孤立模块进行优化升级，进一步用数字化技术变革和管理模式升维打通企业财务数字化管理体系中存在的信息孤岛，全方位融通财务数字化管理体系，切实提升该体系的信息效率和管理效力，形成更强大的价值创造力。

纵观企业的发展历程，以先进数字化技术为依托，使用前瞻化技术推动应用创新进而全方位融通数字化管理体系始终是企业财务数字化发展的主旋律。国际知名 IT 咨询公司 Gartner（高德纳）在发布的《2022年重要战略技术趋势》中指出：数据编织、隐私增强计算、云原生平台、人工智能工程化、自治系统等 12 项战略技术，在未来三到五年内将塑造企业变革、加速行业增长，成为数字业务和创新力量的增速器。数字化技术的不断升级转型是推进企业财务数字化管理的第一驱动力。

在未来，前瞻性数字化技术将进一步加速企业财务对数据的应用，推动财务破界，重新定义组织架构，更加深入地在财务的管理运营中渗透，同时在当前供应链、行业生态的基础上逐步打开价值空间，重塑价值模式，形成跨界融合、多方共赢的数字化管理体系。

1. 持续推动组织变革

财务数字化管理的发展为企业带来了数字化理念的冲击，组织与员工的工作方式、管理方法、管控模式正逐步发生转变。数字化转型是一项以人为本的长期工程，数据、技术等元素始终服务于组织和人的意志，未来财务将更加注重"以人为本"的组织结构、多元创新的人才队伍以及敏捷智能的运营模式，成为夯实企业数字化发展的重要支柱。

（1）组织结构更加灵活

传统的财务组织通常是科层形式，组织内部根据工作性质与内容划分层级，具有清晰的职责范围，每个成员都专精于自己岗位责任的工作体系，具备组织严密性、职能稳定性等特点，这在一定程度上保障了工作效率。随着数字平台经济、数字共享经济的不断发展，现有的财务组织结构不足以支撑业务的快速变化。

未来，数字化技术赋能将重新整合工作内容、人才、技能，组织结构将由原本的科层式逐渐演变为网状共享型，使财务组织转变成数字资源平台，灵活服务于企业的各个部门，充分实现以人员为中心的数字资源利用，通过快速响应内部业务、外部市场等需求，实现更加敏捷、透明、客户导向、协同的资源配置与财务管理（见图7-1）。

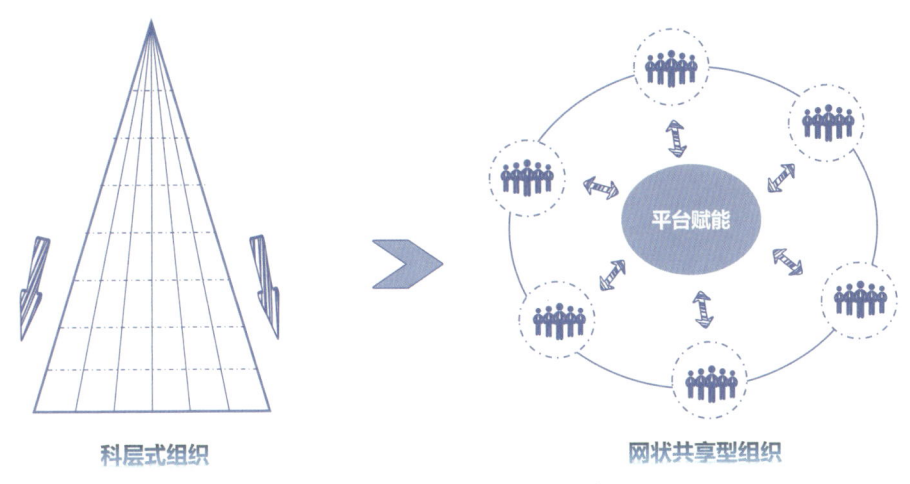

图 7-1　未来组织发展

（2）人员团队更加丰富

尽管财务数字化转型的概念已经提出多年，而且企业花费了大量金钱、精力引进先进的数智技术，但是仍然缺乏财务、业务与技术互通的专业人才推动实施。未来，财务数字化管理人才将更加丰富，不仅需要"专精型"的人才团队，还需要"业财技"复合型人才。

从专精型人才来看，企业将围绕高端数字化人才紧缺难题，探索构建新型财务数字化人才培育学科体系，加快形成利用校企合作、产教融合等方式的数字化人才培育新模式,保障财务数字化管理人员深入更小型、更扁平、更灵活的业务团队中,为业务团队的其他职能人员带来专业性的能力输出。㊀

从复合型人才来看,财务人员将既具备会计核算、财务报表分析预测等基本能力,又具备参与业务决策与数字化技术应用的复合能力,传统的财务管理者将逐步演化为财务工程师,从基于会计知识的交易处理人员,升级为基于会计、金融、业务、IT与数据、战略的专业精深的、多元复合的、更具前瞻视角的价值创造型人才。

（3）运营模式不断升级

技术的创新发展及应用,催生更加敏捷、智能的财务组织运营模式,财务将利用场景化、移动化的服务实现高度敏捷的运营管控,利用超级自动化、智能化、可视化的精益管控实现工作方式的升级,为企业核心业务优势的价值再造奠定基础。

先进的数字化技术在财务领域的全面应用、数据安全体系的不断完善、企业决策链条的不断优化,推动着财务管控从集中管控走向充分授权。数字化技术的数据不可篡改性、透明性将实现源头数据信息的自动决策。企业可按照经营事项,分类优化决策授权体系,积极将经营决策权下放到基层一线,敏锐感知、及时反馈和快速决策,应对客户与市场的快速变化,在保证安全控制力度的同时,深度释放工作效率,实现高效、敏捷的管控方式。

未来,虚拟现实、增强现实等技术的发展将使人与机器人在感知、思考、决策等不同层面互补,财务人员可以突破时空域的限制,还原更加真实、客观的场景信息,通过与机器人的直接交流沟通使财务管理工作更加

㊀ 国家工业信息安全发展研究中心联合腾讯企业微信研制的《价值增长·模式变革——2021企业数字转型研究与实践》。

智慧。同时，未来财务人员与机器人还可以进一步相互理解、相互感知、相互帮助，实现人机共同进步，共同优化人机协作的方式与方法。

2. 不断加速数据应用

在数字经济时代，即使大多数企业逐渐认识到数据的重要性，仍有高达 68% 的企业数据处于沉睡状态，数据资产仍未被有效盘活并运营，数据价值正在悄悄流失。㊀ 未来，数据要素的价值将随着大数据、人工智能、区块链等技术的创造性运用加速释放，持续发挥在企业经营管理的驱动与支撑作用。

未来，开放、容器化的数据分析架构将提高分析能力的模块性、组装性和编辑性，将通过持续分析数据资产来支持不同数据的设计、部署和利用，矩阵化决策将进一步加强机器的数据分析能力，管理领导者的决策变得更加准确、透明、可复制和可追溯。企业的各项工作将与数据形影不离，在技术的加持下，数据不仅仅是财务服务企业经营、产业链供应商与用户的管理工具，还将以更加包容、成熟的形态成为财务资产管理的一部分，服务于社会公众。

（1）数据资产更加成熟

数据资产是企业在数字化转换、数字化升级的基础上，将生产经营中复杂多变的信息沉淀为可以计量的数字，进一步筛选、分类、整理后形成能够为企业带来未来经济利益流入的资源与权利。未来，财务通过对数据的确权与定价、从数据产生到资产化的过程管理，让企业更好地利用数据资源开展生产、运营、交易等经营活动。

1）确权与定价。作为资产，数据需要经过确权与定价，确权是确

㊀ CB Insights 于 2021 年发布的《中国产业数字化发展报告：数智创新，智驱未来——数字化转型正成为产业发展源动力》

定数据具备的权利与权益,而数据可转让性的前提是具备定价。作为企业价值管理者的财务部门,未来将依托模型化手段对数据进行货币化的计量,量化数据价值,加速数据资产进入资产负债表的进程。

2)全过程管理。数据资产将会是一种新型的无形资产,其形成、流通与资产化也将是全新的形态,在管理上有别于工程设备等传统资产,将主要依托数字孪生、虚拟化等先进数字化技术,实现从原始数据产生到加工沉淀形成数据资产,再到进入网络与资本市场的全过程管理(见图7-2)。

图 7-2 数据资产的形成过程

(2)数据分析更加智能

技术变革带来的快速变化,使企业财务管理越来越需要更细粒度的、更有针对性的、更透明的智能化分析与预测,这将推动当前基于大量历史数据的机器学习和人工智能的进一步优化升级。

未来,边缘计算、深度学习、迁移学习等新兴技术将帮助机器全面地总结人类在数据分析方面的智能和经验,自动分析数据知识和模型,并转化为机器算法集成到已有的智能系统当中,通过对不同数据对象、业务运行、外部环境的综合计算,为财务管理提供更具针对性、更加可靠的预测分析。

3. 强化数字价值创造

当前,数字化技术的不断渗透,使各个企业普遍迎来了供应链与产业链的数字化形态,企业财务管理在价值引领的过程中,逐步向合作共享、互利共赢的方向发展。未来，随着数据等生产要素、技术等创新工具以及政策等引导手段的多样化发展，财务将通过新视角、新认知、新产品、新服务、新业态，打开价值空间，再创价值模式，将行业竞争力逐步转变为生态竞争力，推动企业价值的创新发展。

（1）价值空间不断扩展

财务部门是天然的数据中心，能够为企业提供数据服务。未来，企业财务部门将通过数据服务平台实现数据变现，创造企业价值。目前众多理论普遍认为数据变现方式是对数据资产的定价交易，但随着数字化技术的发展，未来数据变现不再局限于出售数据，还可以基于数据分析形成商业机会。

财务既可以利用平台中社会公众的计量、终端、设备等各类数据资源，进行加工脱敏处理，开展对用户经营情况的分析，进而提供咨询服务；又可以通过对资产设备状态分析（产品分布、故障特征、运行状态、能耗分布等），为设备制造商、设备经销商提供设备专题报告等服务，帮助供应商提高服务质量。

在资源配置方面，财务将通过强化用能预算管控，在控制能耗费用支出等方面制定明确制度，对固定资产投资项目进行节能审核，依托能耗在线监测、降低能耗支出等方式，推动企业绿色价值的实现，提升节能管理的数字化水平；在碳交易方面，财务将通过研究明确企业碳资产交易策略与机制，利用数据分析制定科学合理的碳交易投入产出分析评价体系，持续配合国家与地方碳达峰、碳中和政策的落地实施。

（2）业务模式不断创新

1）单体式业务向集成化发展。未来，电网企业的价值模式将以电为中心、由单体式业务向集成化模式发展，采用一体化方式满足用户的多元用能需求成为大势所趋。

2）集成式服务模式具有纵向、横向集成两大特征。纵向集成指立足电力自身，打破环节壁垒，促进"源—网—荷—储"协调发展和电力定制业务拓展；横向集成指由电能向其他能源辐射，打破系统壁垒，促进多能互补的综合能源系统集成和跨能源品类服务升级。集成式服务模式能够显著提升能源的利用效率，同时实现土地等资源集约利用，使综合能源服务业务形态向"系统化"演变升级，是未来满足用户多元用能需求的主要服务模式。

3）集成式业务向平台化发展。在集成式业务发展的基础上，行业的价值边界将会不断模糊，企业需要吸纳市场、技术、知识、关系、资金等方面资源，开展广泛的跨界连接，推动资源动态重组。财务作为价值引领部门，合作共享平台建设将成为发展的主旋律，通过构建远超单一产业协同所创造的价值，将企业平面性的价值链推向立体的发展网络。

电网企业可以快速将设备、服务、能源等供应商以及各类业务用户转换为企业共享合作的平台用户，通过撮合平台用户间的电力交易并提取交易服务佣金、为平台用户提供综合能源服务等付费服务、将平台用户的点击流量转化为企业自有的平台产品或第三方产品等方式，推动企业的商业模式创新与价值再造。

二、前瞻化推动数字化生态循环建设

在数字化时代，企业应当前瞻化推动财务数字化生态循环建设。基于企业运营需要，业务运营做外循环，创造企业利润和社会效益；企业自身内部的财务数字化管理生态做内循环，支撑企业战略实现和长期平稳发展。内通外联管理模式的实现，离不开具体业务的智能数字化实施。数字化生态循环系统下应运而生的业务新模式是将企业的财务、采购、物流、生产、管理、销售、决策、战略高效一体化，形成生态圈内的协同效应，进而发挥出最大的效用。在数字化生态圈的循环建设中，外部相关方、企业内部业务前台和公司财务部门三方作为生态圈的伙伴紧密协同，彼此受益，实现智能生态系统业务新模式下的共创、共享与共赢。

前瞻化推动数字化生态循环建设，应当坚持构建高效、畅通的数字化生态循环，并建立财务数字化生态循环发展的动态纠偏机制。

1. 构建高效、畅通的数字化生态循环

当前，数字化技术飞速发展，但其在企业的实践应用中还存在许多"痛点"和"盲点"，企业实际的日常财务数字化管理中仍然存在许多瓶颈，阻碍了数字化生态循环系统的高效、畅通运行。因此，企业的发展规划应当积极扫清数字化财务管理中存在的各种障碍，进一步推动构建以外部相关方、企业内部业务前台和公司财务部门三方为主体的数字化生态循环。一般来说，企业可以从以下几个方面进行考量与构思。

（1）深化财务信息在数字化生态循环中的共享程度

财政部印发的《会计信息化发展规划（2021—2025年）》明确指出，要加快建立"会计数据共享平台和协同机制"。在财务数字化管理生态循环建设过程中，企业应当运用最新的数字化技术，在确保信息安全的基础上，不断深化财务信息在数字化生态循环中的共享程度，使得各类信息能够在各部门、各层级中实现相应权限的深度全覆盖，进一步以信息共享推动业务协同和经营效率提升。同时也有利于监管部门降低监管成本并有效提升监管效率，进而保障数字化生态循环的稳定运转和流畅运行。

（2）推进财务信息流和业务信息流的高度融合与协同

财务信息具有很高的信息含量和价值，充分挖掘财务信息的信息含量有助于提高决策效率和运营能力。从本质上来说，财务信息和业务信息都是基于企业日常经营活动产生的，两者虽然分属不同的管理概念范畴、在形式上具有一定的差异，但两者之间具有相当高的重叠和交叉度。传统的管理模式将财务信息流和业务信息流的产生、传输和应用割裂成相对独立的模块，在当下竞争愈发激烈、信息效率要求日益苛刻的情况下，对于企业的高效率决策有着不利的影响。

财务数字化转型在一定程度上实现了财务信息流和业务信息流的交叉和重叠，大大提高了"业财"融合的程度，但距离实现两者的高度融合和协同还存在较大差距。因此，企业应当更加注重引进新的数字化技术和数字化管理手段，进一步有效推进财务信息流和业务信息流的高度融合与协同，实现"业财"信息流的最佳融合度。例如，企业在未来可以尝试构建数字化中台系统，将不同的业务单元和财务单元架构在同一中台之上。各业务单元相对独立，又通过中台底层互相解耦。由于财务单元对所有业务系统的数据都进行了校验、转换和整合，因此财务核算系统和经营分析系统将得到统一、准确的数据，加快财务核算和业务运营的速度与协同效率。

（3）实现从企业价值最大化到生态圈价值最大化的转变

随着社会的发展和进步，企业的目标应当从最初的实现股东价值最大化逐步向实现利益相关者价值最大化方向发展。对于推动数字化生态循环建设来说，也应该逐步由企业价值最大化向数字生态圈价值最大化的方向转变，最终实现"共创""共建""共享"，以数字生态圈建设为契机，扎实推动"共同富裕"。公司进行数字化生态圈建设，不仅仅是要通过数字化转型推动自身经营效率和管理能力的提升，实现企业利润和价值，更应该主动承担社会责任，带动上下游企业、电力客户、政府部门等利益相关方，以数字化的信息流带动价值流，创造能够被各利益相关方分享的价值和效益，实现数字生态圈伙伴的信息流共享和整体价值提升。

2. 建立数字化生态循环发展的动态纠偏机制

数字化技术发展日新月异，迭代周期越来越短。因此，企业在财务数字化生态循环建设和发展的过程中，首先要紧跟数字化技术的最新趋势，捕捉其发展方向。可以从如下几个方面着手来保证企业财务数字化生态循环发展的前沿性：①数字化技术在引进时要预留足够的更新和升级空间；②结合企业战略和经营情况定期评估相应财务数字化体系的适格性；③适时开展前沿数字化技术应用场景模拟和演练；④长周期节点对数字化技术进行系统性升级与更新。

其次，企业应当秉持审慎性的原则，在安全和风险可控的前提下开展财务数字化管理体系和生态循环体系的构建工作。具体来说，可以考虑如下几个方面：①合理评估数字化技术的应用和技术风险，包括可能面临的各类常发性或（和）偶发性风险；②制定和实施财务数字化发展中的压力测试方案；③设计相应的财务数字化风险防范和化解预案；④确保财务数字化发展过程中的信息安全。

最后，好的企业财务数字化管理生态循环，除了安全性和稳定性之外，还应当具有自我纠错能力。在数字化技术的应用过程中，难免会出现技术和公司实务的偏差，在某些环节会不可避免地出现与现实经营管理脱节的现象。因此，公司在财务数字化发展过程中，要特别重视自我纠错能力的建设，定期查找和总结财务数字化发展过程中的漏洞和缺点；主动与业务前台保持实时沟通，不断调整财务数字化发展与业务不吻合的方面，勇于面对财务数字化过程中与现实业务需求或企业战略出现偏差的场景，积极应对这类情形并进行自我纠偏与优化；此外，还应合理学习同业的优秀做法，并认真听取外部行业专家的建议，对财务数字化体系进行查缺补漏，以此持续保持公司财务数字化体系的活力和生命力，从而更好地赋能日常经营管理和企业战略发展。

总　　结

国网江苏电力顺应国际上发展数字经济的浪潮，响应国家关于促进数字经济和实体经济融合发展的要求，贯彻国务院国资委《关于中央企业加快建设世界一流财务管理体系的指导意见》，积极推进企业财务数字化转型，力求从理念、组织、机制、手段全方位推动财务管理变革，强效发挥财务支撑战略、支持决策、服务业务、创造价值、防控风险的功能作用。国网江苏电力在财务数字化转型的过程中，积累了大量实践经验，总结了不少方式方法，本书以此为案例，探讨企业如何推进财务数字化管理升维。为巩固理论基础、增强实践运用、提升前瞻程度，本书依循"理论—实践—展望"的顺序展开讨论。

理论篇首先概述了组织变革理论、技术变迁理论、内部控制理论、精益管理理论、价值管理理论的定义与内涵，介绍了上述理论在企业管理和财务数字化管理中的实践应用，融入了阿里巴巴、法国电力、联储证券、华为等国内外数字化转型先行企业开展财务数字化管理的实践方案，以理论基础和典型案例穿插融合的方式，增强了本书的学理性和趣味性。其次，该篇界定了财务数字化管理的概念，点明了财务数字化管理的特征，指出了财务数字化管理的要求，回顾了财务管理的发展历程，构想了财务管理的未来趋势，以此加深对财务数字化管理的理解和认知。最后，该篇围绕经济形势、资源环境、技术发展、行业变革四个外部环境因素分析了财务数字化管理的迫在眉睫、势在必行。

实践篇基于理论篇的研究提出了整体的财务数字化管理实施路径，一是要树立数字化的理念，二是要制定公司的战略规划和财务目标，三是要确立基本原则和具体的实施原则，四是要围绕数据和技术两方面夯实基础，五是要强化提升财务数字化管理能力并持续完善财务数字化管理体系。该篇紧接着以国网江苏电力为案例具体探讨财务数字化管理升维的方案，分析了国网江苏电力的运营特征，回顾了该公司财务数字化管理的发展历程，据此展开对该公司财务数字化管理的必要性和可行性分析。国网江苏电力财务数字化管理的应用实践包括营造财务数字化氛围、确立财务数字化目标、明确财务数字化原则、夯实财务数字化基础、强化能力和打造体系。

展望篇从两个方面展开对财务数字化管理未来发展的畅想。一是通过持续推动组织变革、不断加速数据应用强化数字价值创造构建全方位融通的数字化管理体系；二是前瞻化推动数字化生态循环建设，包括构建高效、畅通的数字化生态循环和建立动态的纠偏机制。

本书是对财务数字化管理相关理论基础的回顾和拓展，是对典型企业财务数字化管理方案的提炼和总结，也是对财务数字化管理未来发展的展望和憧憬。本书具有一定的理论高度和较高的实践价值，有助于增强读者对财务数字化管理概念的理解和认知，为企业具体实施财务数字化管理提供参考和借鉴，也希望能够为国家构建新发展格局、实现经济高质量发展添砖加瓦。

参 考 文 献

[1] 丛梦，王满. 基于业财融合的管理会计应用与启示 [J]. 财务与会计，2019（07）：16-19.

[2] 高建慧. 企业财务管理精益化的演进历程与发展方向 [J]. 财会通讯，2012（08）：73-75.

[3] 焦毅. 北京电力交易中心发布 2020 年度电力市场交易信息 [N]. 国家电网报，2021-02-02.

[4] 刘胜军. 精益生产：现代 IE[M]. 深圳：海天出版社，2003.

[5] 刘梅玲，黄虎，佟成生，等. 智能财务的基本框架与建设思路研究 [J]. 会计研究，2020（03）：179-192.

[6] 汤谷良，张守文. 大数据背景下企业财务管理的挑战与变革 [J]. 财务研究，2015（01）：59-64.

[7] 谢志华. 会计的未来发展 [J]. 会计研究，2021，409（11）：3-19.

[8] 于灏，陈睿欣. 探建能源数字经济可以电网转型为突破口 [N]. 中国能源报，2021-04-26.

[9] Abernathy W J, Utterback J M . Patterns of Industrial Innovation[J]. Technology review, 1978, 80（7）.

[10] Copeland, T. Valuation：Measuring and Managing the Value of Companies[M]. McKinsey & Co, Inc, 1990.

[11] Fayol H. General and Industrial Management[M]. London：Pitman Publishing, 1949.

[12] Laage-Hellman J. Business Networks in Japan：Supplier-Customer Interaction in Product Development[M]. London：Routledge, 1997.

[13] Ouchi W G. A Conceptual Framework for the Design of Organizational Control Mechanisms[J]. Management Science, 1979, 25（9）：833-848.

[14] Schumpeter J. Capitalism, Socialism and Democracy[M]. New York：Harper & Brothers, 1950.

[15] Solow R M. Technical Change and the Aggregate Production Function[J]. Review of Economies and Statistics, 1957：312-320.

[16] Taylor F W. The Principles of Scientific Management[M]. Ithaca：Cornell University Library, 1911.

[17] Weber M. Economy and Society[M]. New York：Bedminster Press, 1968.

[18] Weber M. Gerth H. Mill C. W. From Max Weber：essays in sociology[M]. London：Routledge & Kegan Paul, 1948.

后 记

数字化是这个时代的典型特征，企业的财务部门都在进行或已经开展了大量的数字化转型实践。从不同角度探索财务数字化管理能力升级的本质，丰富其内涵，帮助不同企业找到合适的实现方法与路径，是本书创作的重要意义所在。

回顾创作历程，既是我们对历史道路归纳总结的过程，又是我们对财务数字化管理能力认识不断深入的过程。我们相信坚持初心方得始终，前文的实践事实也证明了我们正走在正确的道路上，正逐步迈向未来，引领企业与行业的进步与发展。我们大部分的观点来源于企业自身的实践经验与各类理论的融合，已经体现在本书的主要内容里，深入总结来看，财务数字化转型的核心思想包括以下四点：

1）财务数字化管理是顺应企业发展的必然产物。财务数字化管理是当前时代众多企业为谋求可持续发展采取的探索实践，但并非最终解，并不能一劳永逸，只有保持不断探索、谋求企业长远发展的思维，才能在未来更好地应对时代和社会的变迁与进步。

2）财务数字化管理升级的本质是企业管理能力的升级。数字化能力升级不是财务局部的，而是涉及企业的战略布局与经营发展。由于企业的业务表现需要通过财务视角计量评价，财务与业务部门紧密互动，推动了财务成为贯穿企业管理能力升级的发动机，财务管理能力的升级最终将是企业管理能力的升级。

后 记

3）财务数字化管理升级的最终目的是促进企业可持续发展。财务数字化能力提升本身不是促使企业做出改变的原因，只是发展到一定时期的探索历程。在数字化管理实践过程中，对发展战略、组织架构、管理方式、运营效率等方方面面的改变，最终都将会对企业的经营与可持续发展产生重大影响。

4）财务数字化管理升级的过程是能力创新的过程。所有的理论与实践经验都仅仅是参考，不是标准化的模板。无论是管理模式的变革，还是新技术的应用，都是对于传统管理的创新实践，企业需要根据自身情况，评估战略发展需求，认清企业所处环境、地位等诸多因素，构建符合自身发展的、具备企业特色的财务数字化管理能力升维模式。

我国企业怀着满腔热忱拥抱数字化时代的管理变革，并逐步走向世界前列，我们相信我国企业财务的数字化管理经验会成为我国文化软实力的重要组成部分之一，未来将不仅助力我国企业快速健康发展，更将为世界各国企业带去示范与借鉴意义。